ベトナムで新しいモノづくりは実現できるのか

モノづくり中小企業ネットワーク計画

井上伸哉 著
Inoue Shinya

日刊工業新聞社

はじめに

モノづくり中小企業にとって、いまだ厳しい経済状況が続いており、苦境からの脱出、さらなる成長のために、事業の海外展開は不可欠な戦略になっています。しかしながら、海外展開は中小企業にとって、資金、人材、ノウハウなど課題も多く決して簡単なことではありません。そこで、ベトナムでのレンタル工場という最小限の投資形態で何社かが共同して進出する計画を推進しています。

具体的には、ホーチミン近郊のドンナイ省のロンドウック工業団地のレンタル工場に、モノづくり中小企業が一斉に進出するという計画です。レンタル工場は、二〇一三年九月引渡しを受け、数社が既に進出し、操業を開始してます。

進出の検討・準備、進出申請、進出後の操業支援を、私ども「The Support」（ベトナムへの進出企業に対するサービス会社）が一貫してお手伝いしながら、スムーズな進出の実現をめざしています。

では、なぜロンドウック工業団地なのか。第一の理由は、ベトナムには計画、造成中を含めると約二六〇の工業団地があると言われています。しかし、そのほとんどは現地資本あるいは中国、シンガポール資本などです。ロンドウックのように日本資本（双日、大和ハウス、神鋼ソリューション）が九割近くを占める工業団地は稀な存在です。また、日本企業だけの入居をめざしている工業団地は他にありません。

第二の理由は、ベトナム進出において、工業団地の選択は事業成功の重要なポイントになるからです。というのは、海外展開に不慣れな中小企業が、ある程度日本語で手続きなどを進められ、互いに協力し合い融通をきかせられる相手が近くにいることは、進出初期段階で大きな力になるからです。ロンドウック工業団地には好条件がそろっています。

第三の理由は、ベトナム最大の商業都市ホーチミンの近郊であることです。ベトナムへ進出している日系企業（約一八〇〇社）の六割以上はホーチミン周辺に居を構えていますし、エンジニアなどの雇用においてもホーチミン近郊は有利だからです。

ロンドウック工業団地の総開発面積は二七〇ヘクタール、分譲面積一七八ヘクタール。近い将来大半の区画に日本企業が進出し、日本企業が集積する代表的な工業団地になっていると推測できます。こうした見通しの中、「日本のモノづくり中小企業のための集積地をつくりたい」という私どもの思いに対し、ロンドウック工業団地が賛同の意を示し、そのご協力の下で、一〇〇〇平方メートル五区画、七五〇平方メートル二区画、五〇〇平方メートル六区画の計一三区画のレンタル工場で計画を推進することが可能になりました。

当計画は、モノづくり中小企業が自力で危機を打開し、新たな成長の光を見いだす手助けにな

■ロンドウック工業団地モニュメント

ればという思いから推進している小さな試みです。しかしながら、意欲と技術を持ったモノづくり中小企業が連帯し、ベトナムの地で企業集積を実現できれば、モノづくり競争力の向上が期待でき、閉塞状況にある日本のモノづくりが新しい形で蘇生できると確信しています。

上記したロンドウック工業団地レンタル工場での活動は、ベトナムにおけるモノづくり中小企業ネットワーク計画の第一ステップと位置づけています。今後は、モノづくり中小企業のベトナム進出の支援を一層強化し、ベトナムの地でのモノづくりネットワーク充実（企業集積）を図っていく展望を持っています。したがって、レンタル工場という形態ではなく、自力でベトナム進出をお考えの中小企業の方々との連帯も積極的に推進していきたいと考えています。

筆者はベトナムの専門家ではありません。ただ残念ながらベトナムについての出版物も少なく、あっても進出のノウハウを教える本や政治経済の紹介本が中心です。そこで、ベトナムと

■レンタル工場

いう国がモノづくりにとって良い国であるのかどうかを知るために、上記した活動を進める中で、情報を集め、いろいろな人の話を聞き、多くの学習をさせてもらいました。そして、不思議なことに、知れば知るほどベトナムはモノづくりに適した国だという確信を深めることになりました。そのことを多くのモノづくり中小企業の皆さんに知ってもらうことを目的に、この本を出版することに致しました。

モノづくり中小企業が海外へ進出するに当たっては、政治経済の情報だけでは国同士の比較はできても、進出を決断する材料にはなり得ません。進出する国の日常的な生活様式や人々の考え方といった素顔を知ることが重要です。モノづくり中小企業の社長が「この国でやっていけそうだ」「この国で是非仕事をしたい」という意欲を、進出前に持てるかどうかです。本書では、筆者が見たベトナムの素顔についてご紹介していきます。

ご紹介する内容は、二〇一二年に日刊工業新聞社の月刊誌「型技術」に六カ月間連載した原稿とモノづくり中小企業ネットワ

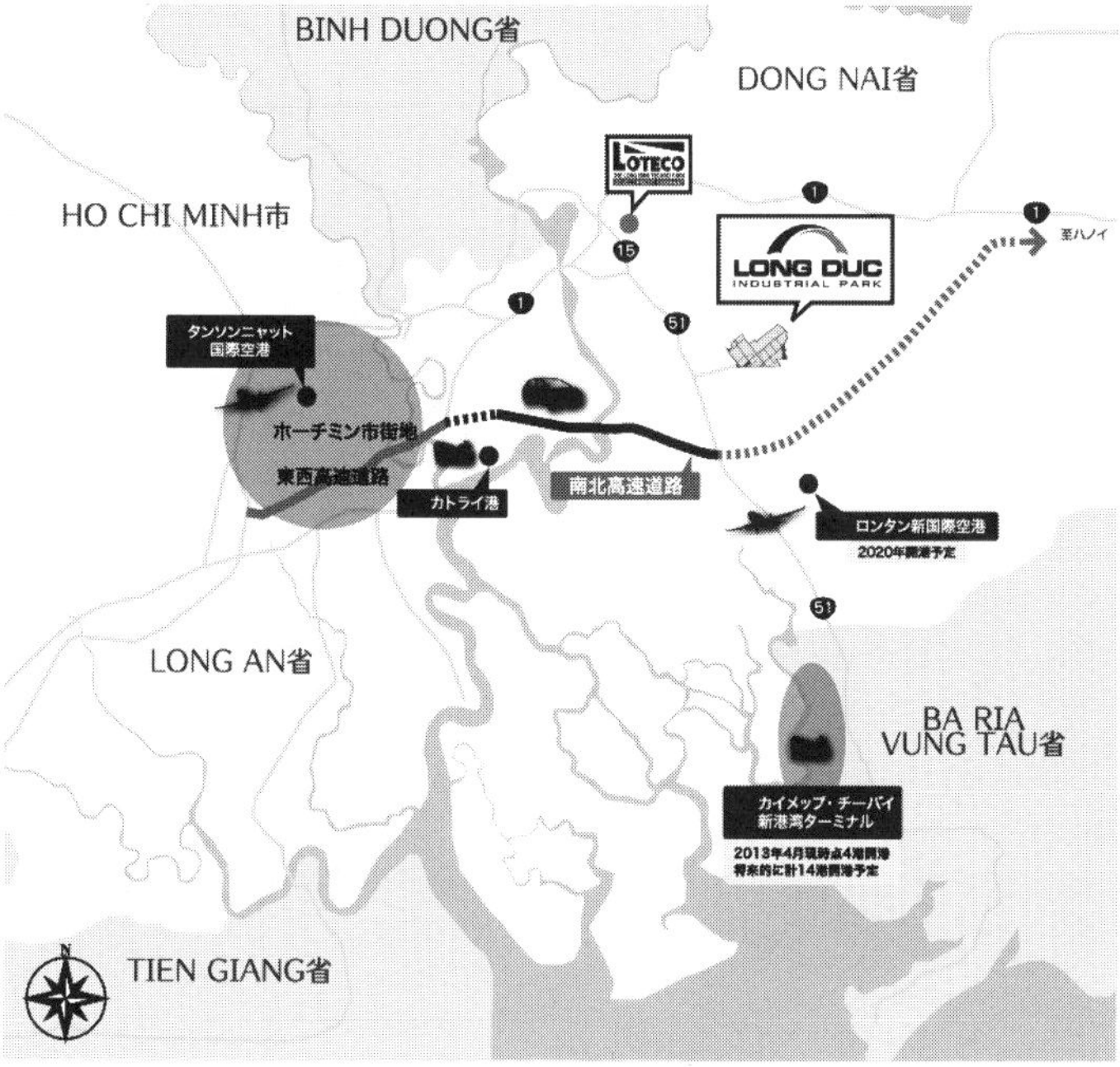

■ホーチミン近郊概略図

ーク計画の有料メールマガジン「Cam On」の原稿が中心になっていますが、加筆、修正を加えて一冊の本にしています。初めから順番に読み進まないと理解できない構成にはなっていません。興味のあるものから読んでもらえば、ベトナムという国の一端を理解していただけるはずです。モノづくりに携わるモノづくり中小企業の方々の中で、ベトナムへ進出を考える経営者が一人でも増えることを願ってやみません。

目次

第三章　ベトナムとモノづくり ……109

第一章　ベトナムという国

ベトナム人の矜持

ベトナムの歴史は戦いです。北隣に位置する大国中国、帝国主義フランスやアメリカの侵略に抵抗するための戦いばかりでなく、南のチャンパ王国やカンボジアなどを侵略するための戦いでもありました。

ベトナムは、様々な戦乱を乗り越え独立と自由を勝ち取ってきました。これこそがベトナム人の矜持。ベトナム人は民族や国に対する思いは強く、歴史的に危機に対して一丸となって団結する術を身に着けている誇り高い人たちです。少々の困難には団結して忍従でき、民族としての誇りを傷付けられた時には毅然と立ち向かう勇気を持った人たちです。したがって、私たち外国人には、ベトナムの伝統、文化を重視し、民族的な誇りを敬う付き合い方が求められます。

歴史的に中国王朝の侵略を受け続けながらも、反抗し中国軍を撃退しています。しかし、決して中国との関係を途絶えさせてはいません。一〇世紀に独立してから一九世紀のグエン（阮）朝まで、国の統治は中国を模倣した王朝体制で行っています。また、中国との朝貢関係も維持してきました。外国とのしたたかな付き合い方を知っている人たちです。第一次インドシナ戦争の際にホー・チ・ミンは、ソ連や中国共産党の協力をいち早く取り付け、さらに、ベトナム戦争では、戦況やアメリカ軍の被人道的な攻撃に関して、逐一世界中のマスコミに情報を発信し、多くの同情や共感を得ています。こうした外交の実践は、戦時下という緊迫した状況で発揮されるベトナム人のしたたかさの好例です。

一〇〇〇年以上（BC一一一年から一〇一〇年まで）中国に支配されながらも、民族としてのアイデンティティを失うことなく歴史を歩んでこられたのは、支配国の文化や伝統を鵜呑みにするのではなく、自らの文化や伝統に照らし合わせ、取り込むものと受け流すものを賢く選択してきたからです。なぜ賢い選択ができたかというと、ベトナム社会の核は、稲作で結合した運命共同体でもあり、自治組織でもある小さな村や集落です。そうした村や集落が国中に点在し、歴史を通して十分に機能してきたからです。

一五世紀に明の支配下にあった際、明朝は古来からの文化や伝統的風俗の放棄を命じました。しかし、男性の刺青や女性のお歯黒といった風俗は捨てましたが、伝統的な村や集落といった組織を捨てることはありませんでした。運命共同体だからこそ、団結して忍従できたのであり、時には一気呵成に反乱を起こすこともできたのです。そこでは、国のおふれとは無関係に独自の文化や伝統に基づき意思決定がなされ、そして、社会秩序も維持されました。

ベトナムの他国との付き合い方は、私たち日本人が外国の優れたものを真摯に学び、日本化しながら徐々に吸収していく作法と似ています。また、村や集落といった小さな組織が社会秩序を支えてきた歴史も日本と類似しています。こういう点にも、日本とベトナムの親和性を見ることができます。

重要な村落共同体

ホー・チ・ミンの出身地は、ゲアン省サムダン県キムリエン社と表記されます。日本と対比すると、省は県、県は市、社は村を意味しています。最後の社（サ）がベトナムではとても重要です。なぜなら、稲作を基本に歴史を積み重ねてきたベトナムでは、稲作農耕の共同体である社が生活の基盤であり、かつ国家の基礎単位となっていたからです。特に、越人（キン族）の故郷であるベトナム北部では、社にある住居は竹垣と土塁で囲まれ、その中心にディン（先祖や守護神をまつった廟）があり、竹垣の外縁に棚田が広がっていました。中部や南部においても状況はほぼ同じです。

社は単なる集落ではなく、独立した社会を形成していました。社ごとに厳しい規則が定められ、規則に違反し社から除名された人は他の社でも受け入れてもらえません。江戸時代の村八分を想起させる厳しい掟を持つ運命共同体であり、強い絆で結ばれた集団です。「社の掟は皇帝の法律に勝る」と言われているように、歴史を通して自主独立した自治組織としての性格も維持してきています。

社においては、各人が様々な役割を持ち、平等の義務と権利を有しています。長老は尊敬され、長老による評議会が社の意思決定機関としての役割を担います。我が国の地方のJA（農協）組織と似ています。しかし違いは、社の方がJAより強い縛りと自治意識を持って運営されていることです。

危機に瀕して社は信じられないくらいの団結心を発揮します。ベトナム戦争において、各地で展開されたゲリラによる抗戦の主役は、正規の軍人ではなくそれぞれの社から選ばれた若者（男も女も）でした。彼らは命を賭して自らの社を守るために戦ったのです。社に残った老人や子供は、戦争中も懸命に稲を育て、ゲリラや軍に食料を供給する役目を担いました。だからこそ、銃器で圧倒的に不利なベトナムが、アメリカ軍をきりきり舞いさせることができたのです。

こうした社の存在がベトナムの人たちの考え方に大きな影響を与えたのは、当然のことです。小さな限定された社の中で生涯暮らすのですから、社に対する帰属意識は強まり忠誠心も高まります。相互監視の目が厳しく濃密な人間関係の下で、周りの人に認められるため手を抜かず懸命に働くことが価値を持つことになります。また、良きにつけ悪しきにつけ運命共同体としての社においては、自分や家族の安寧のため構成員が互いに助け合うことが当然のこととなります。こうしてベトナムにおいては、人間臭いウエットな感情、換言すると、ベトナム的情感とも呼ぶべき精神構造（エスプリ）が確立され、連綿と継承されています。

帰属集団の違い

上記したようなベトナムの社（サ）の特徴や社によってもたらされた精神構造を見ると、同じ稲作の農耕民族としての私たち日本人との類似性に驚かされます。しかし、現在に視点を固定し両国を凝視すると、そこには大きな違いが存在しています。

まず人間がつくり出す集団を、第一層「家族」、第二層「近隣地域」、第三層「会社・学校」、第四層「社会」という四つの層に分けた同心円モデルで考えることにします。中心にあるのは家族、その外側に近隣地域、さらに会社・学校、そして社会という順番で外に広がるモデルです。

社が基礎単位となっているベトナムにおいては、歴史的に第一層の「家族」と第二層の「近隣地域」への帰属意識が非常に強いことはすぐに想定できます。かつての日本も、「家族」「近隣地域」への帰属意識が強く、その外側の層への関心は希薄でした。そうした状況を端的に表現した言葉が「世間」です。「世間が許さない」という時の世間とは、広い意味での社会ではなく家族や親族を含めた地域社会全体を意味します。日本において、本来の意味での社会を意識するようになったのは、明治の初めに福沢諭吉が「Society」を社会と訳し、その後随分と時間が経過してからです。

我が国においては、江戸時代の統治機構として藩制度ができ、武士階級においては、四層構造の第三層「会社・学校」に当たる藩への帰属意識が急激に高まりました。その後明治、大正、昭和の一〇〇年間に、企業が勃興し社会の主役に躍り出ることになります。藩から会社へと名前を変えて第三層への強力な帰属意識の形成を促進していきます。現在の日本人は、第一層の「家族」と第三層の「会社・学校」への帰属意識が強く、「近隣地域」への帰属意識は希薄化し、「社会」への帰属意識もそれほど高まっていない状況を生きています。

では、現在のベトナムはどうでしょうか。結論からいうと、第一層の「家族」第二層の「近隣地域」への帰属意識が強く、第三層の「会社・学校」や第四層の「社会」への帰属意識は弱い、という傾向は変わっていません。経済発展の中で都市化が進行し、社会構造は変化しつつありますが、まだ国民の半数は農耕中心の社（サ）に所属しています。また、ベトナム戦争終結から三五年、カンボジア撤退から二〇年しか経過しておらず、世代交代は完全に終わっておらず、旧来の精神構造の転換にはまだ至っていません。

四層同心円モデルに照らし合わせると、日本人は第一層「家族」と第三層「会社・学校」、ベトナム人は第一層「家族」と第二層「近隣地域（社）」に強い帰属意識を持っていると考えることができます。それも、人間臭いウエットな感情を含んだ深い帰属意識です。

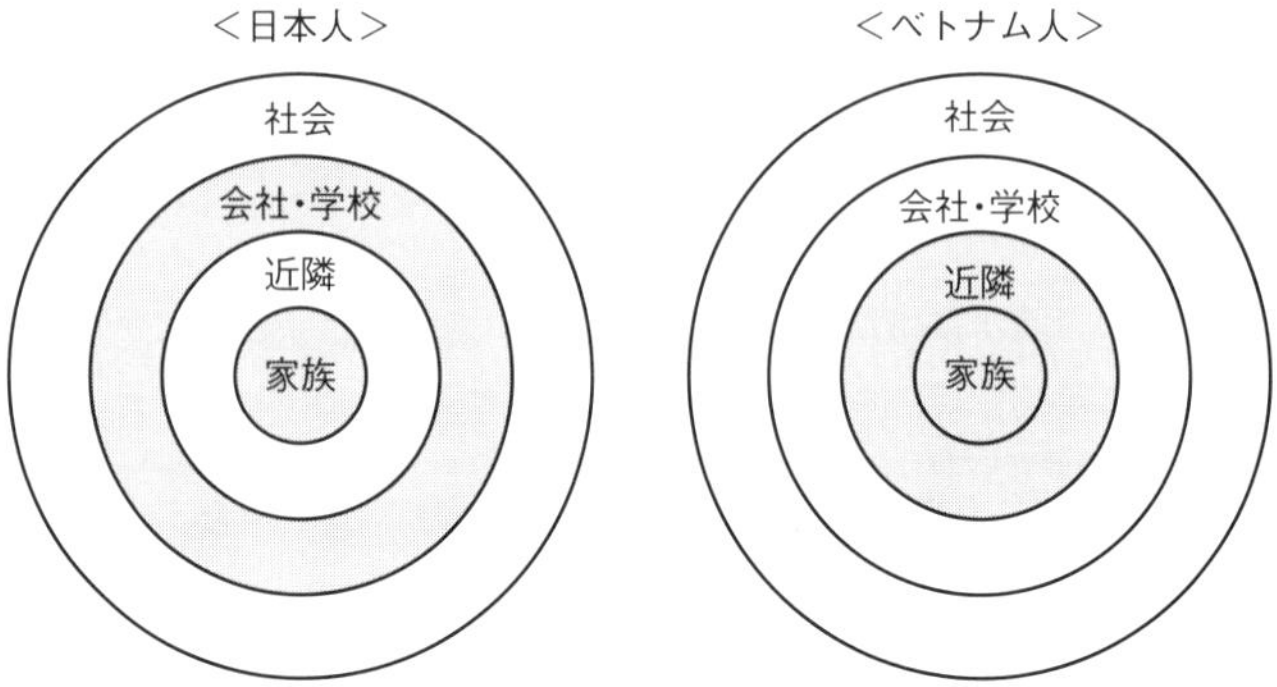

■帰属集団の違い

第三層と第二層の違いは、社会学者テンニースの考え方を借りると理解できます。テンニースは、社会集団をゲゼルシャフト（機能体組織）とゲマインシャフト（共同体組織）に区分します。日本人が帰属意識を持つ第三層の「会社」は、ある目的のために組織された機能体組織（ゲゼルシャフト）であるのに対して、ベトナム人が強い帰属意識を持つ第二層は、公私を超えた運命共同体としての共同体組織（ゲマインシャフト）です。まだまだベトナムにおいては、機能体組織（ゲゼルシャフト）への馴染みは薄いと言えます。

大切なことは、こうした強く深い集団への帰属意識は、一人一人の判断や行動に大きく影響を与えることです。欧米の人たちと比較するとよくわかります。個人意識の強い欧米の人たちは、集団より先に個人があります。四層構造の各集団との関わりも個人との均等な距離感として理解され、日本やベトナムにおけるような集団に対する帰属意識の濃淡は出てきません。日本人やベトナム人は、個人よりも集団を優先し、特にどの集団に帰属意識を感じているかによって判断や行動が決まります。ここが重要なポイントです。

ベトナムの土地神話

ホーチミン市の再開発地域には、立派な近代的マンションが数多く建設されています。驚くことに高い物件では、我が国とさして変わらないものもあります。そして、今でも実際に高値で売買が行われていることに、さらに驚かされます。ホーチミンの一般的な労働者の月給は一五〇～二〇〇USドルにすぎません。とても労働者が手を出せる代物ではないはずです。ところが、ここ二〇年にわたる順調な経済成長の中で、二〇〇八年にかけて土地や不動産の価格はうなぎ上りに上昇してきました。さすがにリーマショックにより、土地や不動産の価格は二〇～五〇％下落したと言われていますが、不動産バブルの火種は消えることがないようです。

では、土地や不動産に投資する資金はどこから出てくるのでしょうか。恐らく、家族全員で懸命に蓄えたタンス預金と海外で成功した親族から提供される越僑送金だと推測できます。マンションの転売を繰り返して財産を築いたり、両親の故郷に広大な土地を購入したり、といった成功物語が喧伝されています。現に、ホーチミン市の再開発地域の整備された街並には、トヨタのレクサスをはじめポルシェやベンツなど高級車ディラーが立ち並んでおり、その隣のロッテリアは若い人で一杯になっています。こうした街並を見るにつけ、土地や不動産で大きな利益を得た人たちがたくさん存在していることを確信させます。

そもそもベトナムは社会主義国で、土地の個人所有は認められていません。しかしながら、「国は国民に変わって土地を管理しているにすぎず、国民の土地の利用に関して国は必要以上の干渉をしない」、というのが国と国民の基本合意のようで、広く土地使用権が認められています。二〇年、五〇年が土地使用権の基本単位であり、工場進出のために外国企業が購入するのも土地使用権です。また、二〇〇六年に土地法が整備され、ベトナム人や法人は、土地使用権を登記、売買、賃貸、担保化ができるようになっています。ただし、ベトナム人には認められている永久土地使用権は、外国企業に対しては認められていません。

社会主義体制とはいえ、土地はベトナムの人たちにとって政府さえ手を出せない宝物であり、何が何でも守り育てるべき対象なのです。「土地に財を集中させ、戦争や混乱を受け流す」、これがベトナム人自身の保身のために歴史的に形成されてきた賢い処世術なのだ、と推測できます。

一方で、ホーチミンやハノイの中心街には、金の取引店舗や通貨の両替所が数多くあり、普通のベトナム人も店舗に立ち寄り、金や通貨の取引を頻繁に行い、何らかの利益を得ているようです。基本通貨ベトナムドンへの懐疑心の現れであると同時に動乱から家族を守るための賢い処世術の実態化だと考えることもできます。

日本人と同じような土地神話を持っているベトナム人ですが、財産はせっせと預金にまわす日本人に対して、ベトナム人は、投資に関してははるかに高度な利き目を有していると考えられます。投資に長けた人たちです。こうした点も、ベトナムという国の特徴として、しっかりと認識しておくべき基本的なポイントの一つです。

経済格差の拡大

ベトナムは、南北に細長い国です。陸続きの隣国ラオス、カンボジアとは、チュオンソン（長山）山脈に沿って国境が設定されています。ベトナム政府の資料によると、ベトナムは五四の民族が暮らす多民族国家で、キン族（越人）が八六％を占めるとされています。その中で、ラオス、カンボジアと国境を接し、チュオンソン山脈の南側の中部高原地帯に、コントム、ザライ、ダクラク、ダクノン、ラムドン、以上五つの省があります。ここには、キン族以外の有力民族であるチャム族、クメール族、ラーオ族が暮らしています。

チャム族は、かつてベトナム中部に王国を築いた民族で、旧日本人街のあるホイアンの港を開いたと言われています。お香に用いられる伽羅などの香木は、チャム族が住む中部高原地帯が産地です。クメール族は、クメール文明・アンコール王朝を築いた現在のカンボジアの主要民族です。そしてラーオ族は、現在のラオスの主要民族です。

ベトナムにおいては、肥沃な平地に暮らすのがキン族、険しい山間部に暮らすのがキン族以外の五三の少数民族という構図が出来上がっています。容易に想像できるように、耕作や開発に適した土地の有る無しが財形成の結果を担保していきます。実際に昨今の経済発展でキン族は豊かになり、一方でチャム族、クメール族、ラーオ族といった他の多くの民族は貧しさの中にあります。経済格差はますます広がろうとしています。つまり、利用価値の高い土地に暮らす人びとは、山岳地帯に暮らす人びとの暮らしぶりとの比較で、有効利用できる土地の重要性を再認識し、土地への愛着を強めることになります。

第一次産業（農林水産業）二〇％、第二次産業（鉱工業）四〇％、第三次産業（サービス業）四〇％というのが、現在のベトナムの産業構成比です。人口構成比では、約六割の人たちが第一次産業（農林水産業）に従事し、ハノイ、ホーチミンといった都市部以外の地域では、ほとんどの人が第一次産業で生計を立てています。当然、都市部と農漁村の経済格差は開く一方です。

中国においては、都市部と農漁村との経済格差と沿岸都市部への人口の急激な流入が社会問題化しています。しかしながらベトナムでは、学校を卒業しても親元で暮らす若者が多く、経済格差が大きな社会問題として表面化していません。ただ、今後も都市部と農漁村との経済格差が拡大すれば、都市への人口流入や農漁村の衰退が起き、政治、社会問題として顕在化する可能性があります。

また経済の発展は、都市部での道路、地下鉄、港湾、飛行場などの社会インフラ整備を促進します。インフラ整備は、その周辺の土地の価値を高め、財産を蓄積した人たちや外国資本が価値ある土地へ群がり、都市への投資意欲を加熱させます。現在のところは、都市のインフラ整備がベトナム人の土地へ新たな愛着を後押しし、土地への投資が都市経済の活性化に寄与するというサイクルを生み出しています。しかし、土地投資に関わる経済格差の拡大は、社会不安を高める可能性も内包しています。

敬う論理

私たち日本人は、言葉遣いに気を使い、敬語を操れなければ社会人として認めてもらえません。敬語は「おっしゃる」のように相手を立てる尊敬語、「申し上げる」のようにへりくだる謙譲語、そして、「申します」のような丁寧語から成り立っています。尊敬語と謙譲語は、相手との距離感を推し量っての表現、丁寧語は人間関係の円滑さを保つための表現です。敬語は、相手に不快感を与えないようにという意識、換言すると敬う論理の言語表現です。

相手に不快感を与えない言語表現ということであれば、英語圏にも存在します。例えば、「Go to the park, please」「Will you go to the park」「Would you mind going to the park」など、命令口調から丁寧な口調まで多様な表現があります。しかしながらそこには、相手との距離感を推し量った敬う論理と思われる繊細な言語表現はないようです。

一方我が国においては、話す相手に対する言葉遣いも細分化されています。お前、君、貴方、君づけ、さんづけに始まり、相手が男性であれば、ご主人、旦那、先輩、社長など。女性であれば、彼女、お姉さん、奥様、お内儀など、状況に応じた使い分けが必要になっています。自分自身の呼称も、私、僕、手前、小生など、多彩です。

面白いことにベトナム語でも、挨拶する際の相手の呼称が細かく分化しています。例えば、「こんにちは」と挨拶する際に、相手が年上の男性の場合、チャオオンア（Chao ong a）、同世代の男性に対しては、チャオアインア（Chao anh a）、年上の女性には、チャオバア（Chao ba a）、同世代の女性には、チャオチーア（Chao chi a）、そして年下の男女には、チャオエム（Chao em）、子供には、チャオチャオ（Chao chau）というように、使い分けが要求され、ベトナムの挨拶には敬う論理が反映されているようです。ベトナムの女性はだいたいが小柄で幼く見えるので、いつも瞬間的に年齢の判断がつかない筆者は、年配の女性には、必ずシンチャオ（Xin chao）という丁寧な言い方で挨拶するようにしています。

こうした言葉遣いに代表される敬う論理は、日本、ベトナム両国において重要な社会常識となっています。なぜでしょうか。

第一の理由は、稲作農耕文化が育んだ濃密な人間関係にあります。歴史的に我が国もベトナムも社会の原点は、稲作を共同で行う小さな集落です。我が国ではそれを「村」、ベトナムでは「社（サ）」と呼びます。稲作農耕を共同で行うわけですから、住居も近くなり、四六時中一緒に行動するようになります。人間関係の密度は必然的に高まります。人間関係が濃密になればなるほど、人間関係を形成、維持していくためには繊細な心遣いが要求されるようになります。当然、繊細な心遣いは言語表現にも反映されていきます。

第二の理由は、稲作は多くの人口を養うことができるということです。ベトナムの人口は現在九〇〇〇万人、現在も増加し続けており近い将来確実に一億人を突破します。我が国の大都市がそうであったように、ホーチミンやハノイは、米の交易拠点都市として形成され、人が密集した大都市へと発展してきました。我が国もベトナムも都市において人は濃密な空間で暮らしています。都市化が進んだ現代においても、人口密度の高い都市部では、人付き合いも相手を敬う姿勢がないとうまくいきません。したがって、繊細な言語表現も必要になるということです。

何度もベトナムを訪問していますが、見ず知らずのベトナム人は、街で声をかけても無表情でつっけんどんです。能面と欧米から揶揄されている日本人が言うのですから、間違いないと思います。初対面のベトナム人と会議をする時も、こちらに気を使っているのはわかるのですが、伏し目がちで口数も少なく、会話が盛り上がらないことがほとんどです。

ところが、ベンタン市場などへ行き店舗をのぞいていると、客にはお構いなしに店員同士が笑顔でおしゃべりをしています。店員の表情を見ると実に楽しそうです。よくそんな状態で商売ができるものだと思いますが、一旦客が店の商品に興味を示すと、すかさず人懐っこいプロの顔で商売を始めます。仲間と四方山話をしながら明るく、楽しく働くのが普通になっているようです。

つっけんどんで無表情と人懐っこい笑顔、ベトナムには二つの顔があります。理由は、稲作農耕文化の底辺にあるムラ社会の心情だと考えます。私たち日本人は、自分の会社のことを「うちの会社」と表現します。この「うち」は自分の所属集団を端的に示しています。私たち日本人も「うちの会社」の人とはうち解けて話をしますが、それ以外の人とはつっけんどんに対応しがちなのではないでしょうか。これと全く同じことがベトナム社会でもあるようです。つまり、所属集団とそれ以外という区分が明確な社会に私たち日本人も、ベトナム人も暮らしているということです。換言すると、所属集団内では、敬う論理が明確に機能するが、所属集団の外では敬う論理が希薄化するということでもあります。

欧米人とエレベーターに乗り合わせたり、待合室で同席すると、笑顔で声を掛けられることがよくあります。彼らは、「あなたの敵ではありません」というサインを発信しているのだと理解はしていますが、私などは、結構どぎまぎして対応に困ります。恐らくベトナム人も同じだと思います。相手に対して敬意は払うのですが、所属集団以外の人との不駄話、世間話が苦手なのです。

私たちもベトナムの人たちも、所属集団に対して強い帰属意識を持っています。時には大いなる義理、人情へと発展します。こんな日系の会社があります。一九九〇年代に苦労してベトナムへ進出し、順調な成長を遂げた会社の日本人社長が不運にも病に倒れ亡くなってしまいます。日本人社長と苦楽を共にしたベトナム人エンジニアは、事務所の一角に祭壇を設けて、社長が亡くなって何年経っても花や線香を欠かさないとのことです。さらに、そのベトナム人が日本の本社に出張する際には、亡くなった社長の家を訪問し、遺影に線香を手向けるとのことです。私たち日本人の心の琴線に触れる感動的な話です。所属集団内で互いを敬う深い心情を表す好例です。

他にもこんな話を、日系企業に勤めるベトナム人から数多く聞いています。「他社と比べて給与は決して高くはないが、これまでに社長や上司に大変お世話になったし尊敬できる人たちなので、この会社でずっと働いていきたい」「皆やさしいし協力的で働きやすい。これからもっと成果につながるように働いていきたい」など。古き良き日本人の勤労感との類似性に驚きます。マネジメントという視点に立てば、ベトナム人社員に会社が自分の所属集団だと思ってもらうことが、忠誠心と動機づけの鍵になるということです。

歴史に目を転じると、ベトナム人の所属集団への敬意や忠誠心は、大きな成果を上げています。ベトナム戦争でアメリカ軍が最も頭を悩ませたのは、ゲリラ戦です。その主力を担ったのは、稲作農耕の基本である集落（社）の若者たち。社（サ）に住む家族や仲間を守るために彼らは命を賭して戦場で戦いました。だからこそ、最新兵器を身にまとったアメリカ軍を打ちのめすことができたのです。親や家族の名前を叫びながら戦艦に体当たりした我が国の特攻隊と相通ずるところがありそうです。

人間関係への繊細な対応、帰属集団への帰属意識や忠誠心といった敬う論理に関して、日本人とベトナム人は情緒的な共感や一体感を持つことができます。ベトナムに進出する日本企業は、このことを十分に理解した事業展開や人事政策が重要になると思います。

ベトナムの赤い道、赤い川

二〇年くらい前、ベトナムを訪問し出した頃、不思議に感じることがありました。日本に帰国すると、いつも決まって心の中に赤いイメージが残っているのです。出来事を振り返ってみると、メコン川流域の赤土がむき出しの道。ホーチミンの郊外の赤い道と道路脇に点在する赤いレンガを無造作に積み上げた民家。ホーチミンの繁華街の政治的なアジテーションと思われる赤字に黄色の文字が書かれた数多くの垂れ幕。また、ベトナムの旅行社からもらった印刷が全体に赤みがかった色調のパンフレット。こうした出来事の積み重ねが、赤いイメージを形成したのだと思います。このベトナムのイメージは、現在でもそれほど変わってはいません。ベトナムは赤が好きな国です。その理由を探ってみようと思います。

第一の理由は、ベトナムの自然が赤への愛着をつくり出しているからだと思います。タイのバンコクからホーチミンまでの飛行機（約一時間半）に乗ると、眼下に広がるメコンデルタを眺望できます。実に雄大です。上空からでも赤茶けたメコンの流れやその周辺に広がる赤いメコンデルタを確認できます。メコン川は全長四五〇〇キロメートル、チベット高原に端を発し、中国、ミャンマー、ラオス、カンボジアを経由してベトナムに到達します。

メコン川の水には遥か彼方から運ばれてきた大量の玄武岩が溶け込んでおり、それが赤い色の正体です。雨期になると度々メコン川は氾濫し、赤い大地を幾重にもつくり出します。そして、今でも南部ベトナムの民家の大半は赤レンガ造りです。玄武岩の大地はレンガの良き材料となっています。

一方、北部のハノイを流れる紅河は、メコン川以上に赤い色をした大河です。ここでも雨期には川の氾濫が起こり、赤い大地を形成しています。ただし、メコンとは違い紅河の赤は酸化鉄が生み出したもので、紅河の赤はメコン川のそれより濃く見えます。

南部のメコン川も北部の紅河も下流域に大きなデルタ地帯を形成し、穀倉地帯となっています。ベトナムにおいて、赤い道、赤い川は、食料を生み出してくれる豊かさの象徴なのです。だからこそ、ベトナム人は赤を好むのかもしれません。

第二の理由は、ベトナムは女性優位の国だからだと思います。「紅一点」という言葉があります。むさ苦しい男性の中に女性が一人いると明るさや華やかさを確保してくれます。赤い衣装を身にまとっていると、効果はさらに高まります。紅一点は、女性の華麗さ、可憐さを表現した言葉です。赤は女性の色です。

赤がふさわしいベトナム女性は、働き者です。どの職場でも男女は対等。共働きが普通ですし、肉体労働の現場でも女性をよく見かけます。日本流にいうと「かかぁ天下」の家庭が多いとも聞きます。それから、ベトナムの国民の記念日は年間で九日ありますが、そのうち二日が女性の日です（三月八日―国際婦人デー、一〇月二〇日―ベトナム女性の日）。ちなみに、男性の記念日は見当たりません。だからこそ、ベトナム人は赤が好きになるのだと思います。

ベトナムでは、店舗や民家の玄関先に赤い小さな箱を見かけます。商売繁盛、家内安全を願う祠のようです。祠は外観が赤く、中に赤い札が納められ、線香が手向けられています。鮮やかな赤色が目を引きます。これも、「紅一点」効果を狙っているのかもしれません。

第三の理由は、社会主義体制が赤への傾斜を強めるからだと思います。ロシアの世界初の社会主義革命において、レーニンはモスクワの赤の広場で民衆に語りかけながら革命を成就し、同時に冷酷な政治粛正も行いました。それ以来、社会主義国家の色調は赤が通り相場です。ベトナムも例外ではありません。しかし、もともと赤には、ロシア語で美しいという意味があるようです。紅一点にも相通じます。面白い歴史の巡り合わせです。

四月下旬にホーチミンを訪問しました。ちょうど四月三〇日が南ベトナム解放記念日に当ったため、ホーチミンの街には、記念日を祝う垂れ幕、のぼり、イルミネーションがあふれていました。以前と同じように、垂れ幕やのぼりは赤い生地に黄色い文字が描かれており、政治的なアジテーションは、今でも赤が約束事になっていました。

赤という言葉は、明（アカ）るいからきているようですし、赤は血の色で、生命の根源と結びつきます。人は赤ちゃんとして生命を享受し、六〇歳になれば赤いちゃんちゃんこを着て長寿を願います。政治家が困難な政策の実行を訴えるとき、赤い色のネクタイを締めて情熱を演出します。神社の鳥居に赤（朱色）が使われているように、赤色は生命の躍動を支えるために、汚れを払い災厄を防ぐ色でもあります。また中国で赤（朱色）は、高貴な色であり、変色し難いことから不老不死を意味するとされています。赤は命が躍動する色なのです。「朱に交われば赤くなる」ということわざがあります。あまり良い意味では使いませんが、逆に考えると、それだけ赤は大きな影響力を持つ強い色であることを示唆しているのだと思います。

赤を表す言葉としては、朱、丹、紅、緋などがあり、日常生活で微妙な色合いの違いを表現するために使い分けをしています。

朱色は、主に辰砂（酸化水銀）からつくられます。神社の鳥居などに使われる黄色みのある赤です。水銀朱は、災厄の回避だけでなく機能的にも防腐性があり、鳥居の木材を保護しています。丹砂を粉末にしてひまし油を少しずつ加えて良く練り、それにヨモギを細かく切って綿のようになるまでついたものが朱肉です。朱肉の色は、黄色みのある赤土の色です。朱と丹は同じ種類の赤と考えることができます。

紅色は、ベニバナからつくられる鮮明な赤です。濃い明るい赤を意味する緋色と同じ種類の赤と考えてよいと思います。女性の口紅として使われてきたものであり、まさに女性の華麗さを表現する紅一点の色です。

元来自然界の事物が持つ色を、識別化のために後づけで名称を付けたのが色の始まりです。赤も怪我をした際に噴き出した血を見て、あるいは、自然界で偶然生成された酸化水銀を見て、赤、朱といった言葉が結合されていったのだと思います。さしずめ日本では、秋の紅葉を見て、あるいは、色づいたリンゴやサクランボを見て、赤を認識していったのだと思います。ベトナムでも同じことです。ベトナムにおいては、メコン川、紅河、そしてそこに広がる大地が赤の原点に違いないのです。

入学式や卒業式の会場の周囲には紅白の幕が決まりごとです。私たちには見慣れた光景です。他にも祝いごとでは、紅白が伝統的に使われてきました。こうした紅白へのこだわりは、一二世紀平安時代の終わりに起こった治承・寿永の乱（源平合戦）に遡ることができそうです。平家の旗色は紅色、これに対して源氏の旗色は白色。紅白で戦ったのが源平合戦です。年末の紅白歌合戦は、源平合戦の上手なメタファです。

鎌倉時代以降現代まで、紅白はいろいろな面に影響を与えてきました。例えば神社の建築も紅白の影響を受けています。厳島神社や平安神宮は、朱塗りの赤い神社です。これに対して伊勢神宮や出雲大社は、白木造りの白い神社です。少なからず源平合戦の影響を受けながら、社殿の色が決まっていったのだと推測します。金箔で黄金に飾り付けた豊臣秀吉の大阪城や同じように金箔の日光東照宮は、異質な建物です。恐らく、乱世、戦国時代は、伝統を破壊することに価値があったからだと思います。

紅白や日の丸に代表されるように、我が国において赤に対比する色は白です。この明白な色の対比が、私たち日本人の心情と共鳴しています。赤は沸き上がる熱情や欲情を表し、白は冷静沈着さや清廉さを表します。日の丸の赤は、生命に熱情と力を付与する太陽を示しています。どう見ても太陽は赤く見えませんから色の判断に疑問は残りますが、日本の太陽神は天照大神で、稲作の恵みを象徴します。赤が似合いそうな女神です。日の丸の赤が天照大神を表すということであれば、納得します。

一方で白も、決して脇役ではありません。白無垢の花嫁、リクルート学生の真っ白なワイシャツ、白の死装束など、潔さにつながる価値観を表現していると推測できます。私たち日本人は、こうした紅白の明白な対比を、楽しみ、親しみながら歴史を紡いできたのだと思います。

面白いことに、ベトナムで赤に対比する色は黄色（金色）です。現在のベトナムの国旗は、金星紅旗。赤字に黄色（金色）の星がシンプルにあしらわれています。赤は、人民の血を表し、黄色は革命、星は人民（労働者、農民、兵士、商人、知識人）を表す、というのが政府の見解です。赤は明らかに社会主義国の影響を受けていますし、黄色は、ベトナム最後の王朝であるグエン（阮）朝の王朝旗が黄色だった名残だと思います。

先にも述べたように、ベトナムの政治的なアジテーションは必ず赤と黄色の配色で行われます。また、記念日やお祭りなどの飾り付けも赤と黄が圧倒的に目に付きます。ベトナムは、赤色と黄色（金色）の対比の中でこれから歴史を紡いでいく国です。

したがって、ベトナムの赤いイメージは、これからも変わることなく続いていくのだと思います。

香りを聞く

有史以来私たちの祖先は、草花の香りや樹木の樹脂の香りなどを楽しみ、かつ利用してきたはずです。中でも沈香（香木）は、我が国の歴史に少なからず影響を与えてきました。有名な正倉院の宝物のひとつ蘭奢待（ランジャタイと呼ばれる香木）には、時の為政者を夢中にさせ、足利義政、織田信長、明治天皇という時の権力者によって一片を無理矢理に切り取られ、それを焚いて楽しんだ歴史が潜んでいます。現在も切り取られた後に付箋が付けられ、そうした歴史を証明しています。我が国において沈香は、権力の象徴としての意味も付与されていたのです。

沈香は水に浮かべると沈むことからそう呼ばれます。アクィラリア属の大木に自然に傷が付き、傷跡に真菌類というバクテリアが入り込み、樹液に作用して樹内にできた芳香物質の塊のことのようです。同じ条件で人工的に沈香をつくろうとしても成功しないことから見て、あらゆる自然条件が複雑に関わり合いながら奇跡的に生まれるのが沈香です。沈香の原産地は、ベトナム、ラオス、タイ、ミャンマー、マレー半島、スマトラ島、ボルネオ島、ニューギニア島、インドのアッサム、東ベンガル、中国海南島などの熱帯雨林に限られます。現在私たちになじみ深いインド原産の白檀は、樹木そのものが香るもので、沈香ではありません。

我が国最初の沈香に関する記録は、日本書紀の推古天皇（五九五年）四月の条にあります。もともと我が国に存在しない沈香ですが、中国、朝鮮経由で持ち込まれ、六世紀には高貴な人たちの楽しみのひとつになっていました。その後、平安、鎌倉時代には、中国の影響を受けながら平安貴族の雅な薫物（タキモノ）などが発展します。薫物は、沈香を中心に様々な材料を調合し、自分独自の香りをつくり出すお香で、沈香、白檀、丁子、ジャコウなどが含まれていたようです。清少納言や紫式部も自分独自の薫物を工夫し、優雅にその香りを競い合っていたものと想像できます。

室町時代になると、武士が沈香の虜になり、日本独特の香りの楽しみ方をつくり出していきます。六国五味は、室町時代に形成された香りを聞くための基本要素です。六国とは、「伽羅（キャラ　ベトナム産）」「羅国（ラコク　タイ産）」「真南蛮（マナンバン　インドのマナンバール産）」「真那賀（マナカ　マラッカ産）」「佐曾羅（サソラ　インドのサッソール産）」「寸聞多羅（スモタラ　スマトラ産）」という六つの沈香の原産地を指し示します。そして五味とは、「甘い」「辛い」「すっぱい」「苦い」「塩辛い」のことです。六国の中でベトナム産の伽羅は、五味が立つ（五味すべてを楽しむことができる）ということで最も高級だとされてきました。

面白いことに香りを聞くとは、嗅覚で感じ取る感覚を五味という味覚で表現することです。同じように、香りを聞くという表現も嗅覚を聴覚で理解しようとしています。五感の異なる感覚表現で香りを知るという意味で、心理学でいうところの共感覚表現という独特の表現方法を用いて、香りをきめ細かく実感を伴った形で聞こうとしています。現在でも五感に訴求する新商品開発に当たっては、発想喚起のために共感覚表現を用いることがあります。共感覚表現を用いることにより思いがけない発想が出てくることも少なくありません。こうした表現からも伺い知ることができように、室町時代の数奇者たちの香りに対するこだわりや、視点を変えて香りの奥深さを聞こうとする熱情を感じ取ることができます。

最近私たちが目にする線香は、タブの木の樹皮、杉、白檀、少々の沈香、ヨモギ、ショウブなどからできています。中には、バラやラベンダーを練り込んだ線香も増えています。こうなればまるで芳香剤になってしまいます。線香を焚いて香りを聞くという趣向からすると、興味が半減してしまいます。

線香が一般化するのは江戸時代になってからだと言われています。線香の普及は、画期的でした。なぜなら、線香は燃焼が安定し、長時間楽しむことができるからです。ベトナムを訪問した時に、店員が伽羅だと称する粉末の抹香を、二〇〇万ドンを一五〇万ドン（約六〇〇〇円）に値切って購入しました。分量は恐らく五〇グラム程です。我が国における伽羅の市場価格は一グラム当たり二〜三万円です。まがい物であることは承知の上でしたが、帰国してから焚いてみると、日本で慣れ親しんだ線香とは異なる香りがして、結構気に入っています。難点は、すぐに燃え尽きてしまう点とたくさんの燃え残りが出ることです。

江戸時代の人びとは、燃焼の安定した線香の形で香りを聞き、時には最高級の伽羅が練り込まれた線香を燻らしながら充実した時を過ごしていたと思われます。伽羅は江戸の遊郭の隠語で金銀を意味します。さらに、お世辞を言うことを「伽羅を言う」と表現したようです。当時も伽羅が高価であったことが伺えます。

また江戸時代において線香は、時間の単位になっています。一本の線香が燃え尽きる時間は約四〇分で、禅宗ではそれが座禅の一単位になります。これを一炷（イッチュウ）と呼びます。遊郭においても、一回の遊びは線香が燃え尽きるまでの四〇分が基本となっていたようです。小学校や中学校の授業時間は四五分ですが、江戸時代に確立した線香を焚いて香りを聞く基本時間につながっているのかもしれません。ちなみにベトナムの学校の授業時間も四五分が基本です。

江戸時代には「源氏香」という遊びも盛んになりました。源氏香は、まず五種類の沈香や香木を用意します。それぞれの木から五片の小片を切り取り、各五片づつ計二五片を香包して並べ、混ぜ合わせます。そうすると、どの沈香、香木か判別ができなくなります。次に、二五の香包から二〇の香包を取り除けば、残りは五になります。この五つを順番に聞香炉で焚いていき、どれがどの沈香、香木かを識別していくのが源氏香です。この方法でいくと、五つの香の組み合わせは五二通りです。この五二通りを、源氏物語五四帖から最初の帖「桐壺」と最後の「夢浮橋」を

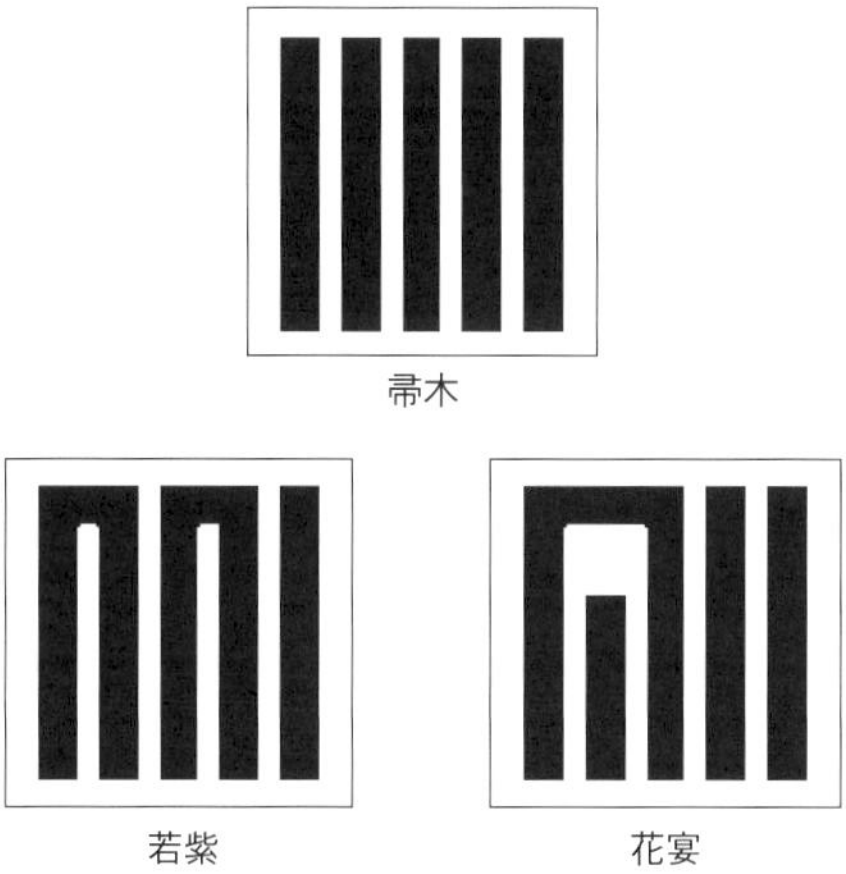

源氏香の図形

除いた五二帖と対応するように定めています。五つの聞香炉の香りを聞いて、組み合わせを導き出し、源氏物語の帖を答える遊びです。

源氏香では、組み合わせを五本の縦線で表現します。五二帖はそれぞれ縦線で示す図形が決まっていて、同じ香りのものはその縦線の上部を横線で結ぶというルールに基づいて図形を書き上げます。例えば、五つとも違う香りであれば二帖の「帚木」、一番目と二番目が同じ、三番目と四番目が同じ、五番目だけが違うのであれば五帖の「若紫」、一番目と三番目が同じで、二番目、四番目、五番目が違うのであれば八帖の「花宴」という描き方です。源氏香の図形はシンプルで美しいものです。この図形は、伝統的な着物、帯、小物類や和菓子などに使われていますので、目にした方も多いと思います。驚くべきことは、源氏香は香りを聞くところから始まり、日本の代表的文学作品である源氏物語を登場させ、かつシンプルなデザイン図案をもつくり上げたことです。沈香の香りは、私たち日本人の暮らしに深く入り込み、知的な遊び心を刺激してくれる存在でもあったのです。

我が国における香りの原初的意味を探ると、寺院で焚くお香や遊郭で燻らす伽羅などからわかるように、邪悪なものを追い払うことだと推測します。特に外から侵入してくる邪悪なものに対する防御策のひとつです。これに対して、欧米では、体内からにじみ出る体臭を消し去るために香水を使います。外からの悪に対して香りを使うのが我が国で、内からの悪に対して香りを使うのが欧米という比較ができます。実年者の原宿である巣鴨のとげぬき地蔵に参拝する人たちは、線香から立ち上る淡い香りの煙を体中にたぐり寄せています。恐らく外から体に入り込んだ邪悪なもの（病気や痛み）を淡き香りの煙で追い払おうとする心がそうさせるのだと思います。

ベトナムにおいても、伽羅の香りは邪悪なものを追い払う聖なるものであり、仏教寺院や上流階級の家で歴史的に焚かれていたようです。ベトナム戦争の時、高床式の粗末な家で指揮を執っていたホー・チ・ミンが、伽羅の香りを燻らしながら、邪悪な敵を撃退し、掃討する戦術に思いを馳せていた姿を想像するのは楽しいことです。ベトナム庶民もまた時には高価な伽羅を買い求め、その香りで邪悪なものを追い払って来たのだと思います。しかしながら、現在のベトナムにおいても伽羅はほとんど手に入らない代物になっています。残念ながら、我が国においても、べトナムにおいても、若い世代の人たちは、五味に通じる伽羅の香りを知らないのが現実です。

先に述べた日本書紀に基づくと、私たち日本人の香り文化は六世紀末に始まります。約一四〇〇年にわたって日本の香りをリードしてきたのは、ベトナム原産の伽羅でした。やはり日本人にとって最良の香りは、伽羅であり続けるはずです。経済成長を続けているベトナムにおいて、天然の伽羅が存続していくのかどうか不安が募ります。伽羅の消滅は、我が国の最高峰の香りの消失を意味するからです。残念ながら最高峰の香りは、ベトナムという他国の自然に完全に依存せざるを得ないのです。ベトナム政府は、排ガス、廃水、緑地保存などで結構厳しい環境規制を打ち出しています。環境規制が功を奏し、伽羅が熟成する熱帯雨林が元の姿のまま保存、育成されることを願ってやみません。

盆栽から見たベトナム

ホーチミンで常宿にしているホテルの窓からは、びっしりと立ち並ぶ住居の屋上が見えます。屋上には必ず植物の鉢植えが置かれており、いくつかの鉢植えには花が咲いていることから推測すると、住民が毎日欠かさず世話をしていることが伺えます。黄昏時には、鉢植えの横に長椅子を持ち出して、短パン一丁でおじさんが寝そべり、夕涼みをしています。実に気持ち良さそうです。鉢植えが暮らしになじんでいるように見えます。

ハノイの街には、大きな街路樹が両側に立ち並び道路を覆い尽くさんばかりの通りがたくさん残っています。ホーチミンの市街地は、近代的なビルの建設も盛んでびっしりと建物が立ち並んでいますが、注意して見ると思いの外大きな街路樹が残っています。そして、住居と思われる建物の玄関先には、鉢植えが置かれています。ベトナムの人たちは、植物を大切にしています。鉢植えは花を付けるものばかりでなく、花を付けない観葉植物のような種類も多く見かけ、植物を身近にしつらえることを好む人たちです。推測ですが、ホーチミンの郊外を車で三〇～四〇分も走ると、植林されたゴム林の先には、まさに様々な植物が繁茂する密林が広がっており、雑多な植物に囲まれている方が落ち着く遺伝子をベトナムの人たちは継承しているのかもしれません。

ベトナムの人たちの植物との関わりを眺めていると、和辻哲郎の「風土」の記述を思い起こします。和辻は「その様式がそれを産んだ風土に規定されている」と述べています。その上で、代表的な風土としてモンスーン、砂漠、牧場という三つの類型を示しています。我が国をはじめ東南アジアは、モンスーン的風土の地域に分類されます。モンスーンには季節があり、台風やスコールのような突発的な気候が頻発し、かつ湿潤です。したがって、受容的忍従性がモンスーンの特徴になると述べています。一方で、牧場的風土に区分されるヨーロッパは、モンスーンのような突発的な気候はほとんどなく、平準化した気候で乾燥しており、能動的合理性が特徴になると述べています。

モンスーン的風土に属する我が国は、「自然の認識を取り出すことができなかった。そこに生まれて来たものは、理論ではなくして芭蕉に代表せられるごとき芸術であった」とも和辻は述べています。誤解をおそれず要約すると、牧場的風土のヨーロッパでは自然の中から法則や客観的な認識を見いだし、科学的思考を確立していく理性が生み出され、モンスーン的風土では、科学的な理性ではなく情感的な思考が優先し、自然が芸術的な営みに昇華されていくということです。別の言い方をすると、牧場的風土では、自然を意図的、計画的に改造していくことを当然と考えますが、モンスーン的風土においては、自然をありのままの姿で受け入れながら、自然との調和を重視するということです。モンスーンに属するベトナムもまた、日本と同じように自然と寄り添いながら自然を愛でる楽しみを大切にしてきたのかもしれません。だからこそ、街や家々に雑多の植物が散見される風景をつくり出し、そこに情感的な何かを見いだそうとしているのだと思われます。

植木や鉢植えを専門に販売する店舗が道の両側に一〇店以上集まっている通りがホーチミンにはあります。日本におけるＤＩＹショップの園芸コーナーと同様の植木や鉢植えが売られていま す。その中で珍しいものを見つけました。鉢に水が張られ、その上に石が設置され、申し訳程度に石の間に植物が植えられ、さらに陶器の人形も添えられている代物です。調べてみると、ベトナム独特の盆栽で、ホンノンボと呼ぶそうです。直径七〇～八〇センチメートルくらいの鉢のホンノンボの値段を尋ねると、一五〇万ドン（約六〇〇〇円）とのこと。意外に高いので驚きました。そして当然のように、ホンノンボの鉢の横には不格好な陶器の人形が並べられ、売られていました。

ホンノンボを調べてみると、ホンノンボに使う石は石灰岩で景勝地タム・コックのあるニンビン省、植木は有名な湿地帯スアン・トゥイのあるナムディン省、それから陶器の人形や鉢はハノイ近郊にあるバチャンが良いとされているようです。全てハノイに近い北部にある地域ですから、ホンノンボ自体もベトナム北部で発祥し全土に広がったものと推測できます。

手頃な石を三つつなぎ合わせて形をつくるのがホンノンボの基本。小さな桃源郷を表したもので、道教的な宇宙観である、との解説を見つけました。確かに真ん中に高い山があり、その脇に二つの小さな山を配置した形は漢字の「山」に見立てているように見えます。しかし実際のホンノンボに何らかの世界観や洗練性は感じません。むしろ、日本でよく見かける前掛けをかけたり、帽子をかぶせたりしたお地蔵さんを思い起こさせます。道教的な宇宙観というよりも、むしろ小さな安らぎや平穏な生活を祈る心の表れといった趣です。面白いことに、尖った石はホンノンボには使わないようです。鋭利な形は安らぎや平穏にはそぐわないからかもしれません。

物を媒介にして何かを語る「モノ語り」は、日本人の得意とするところです。言葉を換えると、未知のものや抽象的なものを、あるモノを介して見立て表現することです。例えば、刺身のツマ。ツマを白波に見立てて刺身の新鮮さをアピールしています。うどんに卵を落としてお月見をする月見うどんも典型的な見立て表現です。我が国の盆栽、自然の一部を切り取り、鉢植えの松などでその自然に見立てます。さらに、生きた植物のため常に変化する中で、その移ろいを巧みにつくり込み楽しみます。また、京都の龍安寺の石庭の枯山水、水を排除し白砂だけで山水を見立てることでより一層水を意識させる見立て表現です。盆栽や龍安寺の石庭の例でわかるように、我が国の「モノ語り」は、どんどん洗練性を追求し、芸術性を帯びてくるのが常です。

ところが、ベトナムの「モノ語り」のひとつと考えられるホンノンボは、石の形にしても、添えられる植物や人形にしても、取って付けたような凡庸なものばかりです。断固として洗練性を拒否しているように見えます。一方でベトナムには、日本人になじみのある盆栽もあります。ホテルや博物館の玄関や中庭によく置いてあります。結構手入れが行き届いた自然を切り取った洗練された世界観を醸し出しています。テト（旧正月）が近づくと、大きな公園で盆栽市が立つそうです。そこには、盆栽と並んでホンノンボも出品され同じように人気があるとのことです。なぜこの両者が共存できるのか、おおいに興味をそそられますが、よくわかりません。これもベトナムの魅力のひとつなのかもしれません。

いずれにしても、和辻の言葉を借りると、「モンスーン的風土に育まれたベトナム人もまた、

ホンノンボ

欧米人のように自然の法則や認識を取り出すことはできなかった。そこから生まれたのは、理論ではなくホンノンボという滑稽な盆栽であった」ということが言えそうです。その方が私たち日本人にとっては、ベトナムがより親近感を増す対象になるはずです。

なぜ凡庸さを強烈に主張するホンノンボをベトナム人が好むのか、その正確な答えはわかりません。ホンノンボを通してベトナムの人たちが「モノ語り」たいことをもう少し深く探ってみたいと考えています。

ベトナムの政治体制

ソ連崩壊後、現在も社会主義国を名乗り、標榜している国は、中国、北朝鮮、ラオス、キューバ、そしてベトナムの五カ国だけになっています。かつての冷戦構造も消滅し、社会主義国同士の政治的縛りも薄らいできているとはいえ、ベトナムは社会主義国陣営の一員としての立場を放棄していません。一九八六年からのドイモイ政策により経済の開放は大きく進んでいます。しかしながら、経済開放がベトナム以上に進んでいる中国において、しばしば社会主義国特有の政治的な傍若無人さが顔をのぞかせています。ベトナムにおいても中国と同じようなことが起こらないという保証はどこにもないのです。ベトナムとの関係をより深めていくためにも政治の動向を注意深く、慎重に観察していく必要性が高いと思います。

ベトナムの憲法第四条に「国家は共産党の指導に従う」とあります。ここからもわかるように、現在もベトナムは共産党の一党独裁体制の下にあります。一応憲法では「立法」「行政」「司法」の三権の独立性を担保していますが、実質的には、共産党の指導の下での三権分立が行われていると認識すべきです。国レベルでいうと、五年に一度の選挙で選出された議員による「国会」、行政を行う「人民委員会」と「人民裁判所」に分かれています。省、県、社という行政単位でも、人民評議会、人民委員会、人民裁判所に分かれ、国と全く相似した政治運営を行います。その全てで、約三〇〇万人（人口比三～四％）の共産党員が中心になり指導に当たっています。ちなみにベトナムの国会議員数は五〇〇名。現在そのうち九〇％以上を共産党員が占めています。

ベトナム共産党は、一四～一五名で構成される中央政治局員による集団指導体制を取っています。中央政治局員には厳格な序列があり、第一序列の人が実質的な国のトップである共産党書記長のポストに就く。しかしながら、対外的な活動は、国家主席や首相が担当しています。国家主席や首相は、共産党の序列でいうと二番目、三番目の人の就任が多くなっています。ちなみに序列四番目、五番目の人は、国会議長や公安警察の長に就任している場合が多いと言われています。公安警察の長に党内序列の高い人が就くのは、厳格な政治思想の統制を行うという意味で、一党独裁体制の必然かもしれません。

現在の指導体制は、国家の最高指導者である共産党書記長は、グエン・フー・チョン（北部のハノイ出身、党内序列一位）、国家の対外的代表者である国家主席は、チュオン・タン・サン（南部のロンアン省出身、党内序列二位）、政府の実務のトップである首相は、グエン・タン・ズン（南部のカマウ省出身、党内序列三位）そして国会議長は、グエン・シン・フン（北部のハノイ出身、党内序列四位）という顔ぶれです。

共産党内部には二つの考え方の対立があるようです。ひとつは、国際的な感覚を持ち経済中心の思考を行う改革派（主に南部出身者）。これに対して、軍や公安警察に基づき社会主義体制擁護を主張する保守派です。上記したように、二〇一一年の共産党大会で承認された新体制では、書記長は北部の保守派、国家主席と首相が南部の改革派となっており、内と外に保守派と改革派を配置し、党内バランスを取っていることが伺えます。

ベトナムの政治は五年単位で動きます。五年ごとの国会議員の選挙および五年ごとに行われる共産党全国大会で、国の指導方針が決定されます。したがって、今後五年間（二〇一一年から二〇一五年まで）は、書記長、国家主席、首相の交代はなく、政治的には比較的安定していると考えることができます。

ベトナム共産党の創始者であるホー・チ・ミンは、機を見るに敏でした。フランス、日本、アメリカといった大国に対して巧妙な情報戦術とゲリラ戦術で粘り強く戦い抜き、勝利を収めています。現在のベトナム共産党も潮目を的確に読む能力が高いと思われます。一九八六年にドイモイ政策の採用、一九九五年にASEAN加盟、二〇〇七年にWTO加盟というようにグローバル経済への適応策を実施し、我が国より先にTPPへの参加も表明しています。ベトナム経済の構造的欠点である不十分な部品産業や素材加工業を裾野産業と位置づけ、国家的な裾野産業育成を掲げてその分野で能力の高い我が国への働きかけを強化しています。これは、閉塞化した我が国産業を見越して、自国の産業発展のための柱を取り込もうという共産党指導部の巧みな戦略です。とはいえ、我が国の部品産業や素材加工業はそれが上手く仕組まれた呼び水戦略であることを承知の上で、あえてベトナムでの事業展開を決断せざるを得ない状況にあります。実にベトナムの政治指導者は機を見るに敏な人たちです。

しかしながら、楽観的に考えると、共産党一党独裁体制とはいえ現在の安定した政治を利用し、呼び水戦略に乗ってベトナムの地で地歩を築き、モノづくりで長期的な信頼関係を構築しいくことに可能性と希望を見いだすことが、我が国のモノづくり企業にとって重要な戦略になるに違いありません。まさに、機を見るに敏な対応が求められています。

ベトナム将棋

ベトナムの街には実にたくさんのカフェがあります。驚くほどの数です。さらに驚くのは、どの店も朝から客で一杯になっていることです。仕事が一段落した昼下がりともなれば、香り高く深い焙煎のベトナムコーヒーを相棒にまったりと佇む人たちあふれ返っています。一息ついた男たちの楽しみは、ベトナム将棋で一勝負することです。カフェの店内や路上でベトナム将棋を楽しむ姿をよく見かけます。また、工場などでも昼休みに将棋に興じている人たちも少なくありません。

ベトナムに我が国のようなきっちりとした将棋プロや段位制度が存在すかどうかは定かではありませんが、カフェでの一勝負に賭けはつきものです。ただし、勝負は技量が拮抗した相手と行うのが作法のようです。また、将棋の大きな大会も催され、賞金も出ると聞きました。本屋にはベトナム将棋の教本も売られていましたので、相当な愛好家が存在しているは確かなようです。とはいえ最近の子供たちは、ＴＶゲームなどに夢中で、将棋は不人気とのこと。我が国と全く同じような傾向がベトナムにもあるようです。

ベトナムの人たちを見ていて羨ましく思うことがあります。それは、あまり時間を気にすることなく、自分の主観的時間で生活しているように見える点です。その好例がカフェと将棋です。時間に束縛されながら多忙そうに振る舞っている私たちが惨めにさえ思えます。逆に心配になって、「いつまでもカフェで将棋を指していないで、早く仕事をした方がいいよ」と、余計な声をかけたくなります。

ベトナム人の知人にお願いしてベトナム将棋を教えてもらいました。小学生の頃、将棋に熱中した時期があったので、すぐ理解できるだろうと考えていたのですが、同じ将棋でも違いがたくさんあって短時間では十分に楽しめるほどの理解には至りませんでした。日本将棋とベトナム将棋の主な違いは次のような点です。

（一）日本の将棋の駒は先の尖った五角形、これに対してベトナム将棋の駒はすべて円形

（二）将棋盤の升目は、日本将棋は九×九＝一八。ベトナム将棋の升目は、八×八＝六四
（三）駒数は日本が四〇枚に対してベトナム将棋は三二枚
（四）日本将棋は駒を升目の中に並べるのに対してベトナム将棋は線が交わる所に並べる
（五）ベトナム将棋には双方の間に境界線がある
（六）取った駒は、日本将棋では再度使えるが、ベトナム将棋では使えない
（七）日本将棋では駒が相手陣に入ると成り駒になるが、ベトナム将棋で成り駒はない（卒、兵という駒が相手陣に入ると動き方が変わる点は、成り駒に近い）
（八）日本将棋では駒の種類は双方全く同じであるのに対して、ベトナム将棋においては機能は同じだが表記が異なる
（九）日本将棋の王将は盤上を自由に動けるが、ベトナム将棋の将と師は中心の九つの点の上だけしか動けない
（一〇）ベトナム将棋の像、相、馬は、日本将棋にない斜めに飛ぶ動きをする

実際対局して感じたことは、日本将棋のように序盤は王将をしっかり囲んでその後に攻撃といった戦術はほとんどなく、最初から相手の駒を取りながら直接的に将や師を攻撃する戦術が一般的なのです。さらに、駒数も少なく、成り駒もないので、手数は日本将棋の半分くらいで決着がつくか、あるいは引き分けが多くなるのだろうと推測できます。ただし、手数が少ないからとい

って単純な遊びではありません。チェスのように駒が複雑な動き方をするため、選択する手が多くなり読みが重要です。頭を結構使う遊びです。歴史的にベトナムの男たちは、知性を将棋に注ぎ込んで心地よい主観的時間を謳歌してきたのだと思います。そして今を生きる男たちもまた、カフェの将棋で主観的時間を楽しんでいます。

筆者の見た限りでは、ベトナム将棋は中国将棋と同じものです。ベトナムは、一一世紀まで約一〇〇〇年にわたって中国に支配され、その後も中国の影響を受けてきました。その中で将棋も中国から入ってきたものだと思いますが、現在でも漢字表記をそのまま残しているところは面白い現象です。概して中国対して好意を持っていない人が多いベトナムで、漢字表記の将棋がそのまま残っていることは、輸入された中国将棋の完成度の高さを証明しています。

一方で日本将棋については、一三世紀から情報が残っています。当時は升目が一三×一三＝一六九（大将棋）で、相当多くの駒を盤上に並べていました。その後、一二×一二＝一四四（中将棋）となり、江戸時代に現在の形が完成したとされています。それから、徳川家康などの将軍の庇護の下、将棋指しは猿楽師と同じように芸能者として市民権を得て、俸禄も与えられるようになり、将棋のプロが育ちます。そして、公家、武士や僧侶のものであった将棋が庶民に普及していくことになります。江戸時代に完成した日本将棋は、現在も当時と同じ形で楽しまれています。

かつてフランスの社会学者ロジェ・カイヨワは、「ルールの有無」と「意思ー脱意思」という二つの切り口で遊びを理解しようとしました。その上で、独特の表現で遊びを分類しています。ルールがあり意思が発揮される遊びを「競争」、ルールがあり意思が反映されない「運」、脱ルールで意思が発揮される「模倣」、そして脱ルール、脱意思の「目眩」の四分類です。

カイヨワの分類に従うと将棋は、ルールがあり意思（思考と言い換えた方が良いかもしれません）が発揮される「競争」の遊びです。「競争」にはサッカー、野球といったチーム競技からボクシング、相撲などの個人競技まで幅広い遊びが包含されています。ちなみに「運」に分類される遊びは主にギャンブル、「模倣」はままごとのような物真似、「目眩」はジェットコースターのような非日常的なグラビティ（引力）を感じる遊びが相当します。

将棋は、じゃん拳や腕相撲と同様に一対一で向き合って競うプリミティブな遊びのひとつで、継続的に数多くの人たちが楽しんできた代表的な盤上遊戯です。インドで考案された将棋は、歴史も長く何世紀にもわたって継承され、国ごとにある程度の変更や修正が加えられ洗練されてきた遊びと言うことができ、将棋を楽しむ多くの人たちの知恵が反映されています。恐らく、人生や人との付き合い方を学ぶ機会でもありました。

人間に限らず社会性を持つ生き物は、幼児の頃から遊びを通して生きる知恵を身に着けていきます。遊びは、社会の質や文化性を決定する際の重要な鍵になるのです。豊かな遊びが豊かな社会性や文化性を生み出していく、と言い換えることもできます。したがって、ベトナム将棋の中にベトナム文化の本質の一端を見ることができるのかもしれません。

ベトナムの気候

通常ベトナムは、ハノイを中心とした北部、ダナンを中心とした中部、そしてホーチミンを中心とした南部の三つに区分されます。しかしながら気候という面から見ると、ベトナムは、北緯一六度にあるハイヴァン峠によって南北に分かれるようです。ハイヴァン峠は、南北に一六五〇キロメートルと細長い国土のちょうど中央に位置し、フエとダナンの間にあります。この辺りは、海岸線からラオスとの国境まで幅がわずか五〇キロメートルほどのくびれた地形になっており、第一次インドシナ戦争が終結し、一九五四年にジュネーブ協定でベトナムを南北に分断する境界線になりました。また、ベトナム戦争においても、北緯一六度線を巡って激しい戦闘が繰り広げられました。ハイヴァン峠は、気候的にも政治的にもベトナムを南北に分ける節目になっています。

南部のホーチミンに滞在していると、ベトナムは南国だと実感します。象徴的な風景は、我が国では庭に柿の木が原風景なのに対して、ベトナムでは庭にマンゴーやパパイヤといった南国果実の木が当たり前のように植えられていることです。

インド洋で発生した湿った空気をインドシナ半島に運んでくるモンスーンが、ベトナム南部の気候に大きな影響を与えています。ホーチミンでは、モンスーンが吹き込む五月から一一月が雨期で、一二月から四月が乾期になります。一年中暑いことに変わりはないのですが、乾期の間蒸し暑さはあまり感じません。風が吹くと過ごしやすく感じます。しかし、雨期が始まる四月、五月は、日本の真夏と同様に湿度が高く、じっとしていても汗が噴き出すような蒸し暑さを感じる日があります。ただし、日中たまらなく暑い日でも、日が落ちて夜になると涼を取ることもできます。ベトナムの住居は、ほとんどがタイル張りで、タイルの上を裸足で生活するため、夜になるとひんやりした感覚を味わうことができるからです。

ホーチミンの雨期は、昼下がりから夕方にかけてのスコールに驚かされます。打ち付けるような激しい雨が一時間ほど降り続けます。時には雷を伴った豪雨になることもあります。雨期の間、スコールは毎日のことです。乾期の間は、週に一～二度しか雨が降らないので、違いは明白です。強いスコールの後、ホーチミンの郊外を車で走ると、低くなった道路や窪地に水がたまり、あふれ返っている光景を目にします。それでも車やバイクはお構いなしに水しぶきを上げて普段通り走っています。店の前が水浸しになった店主は、平然としてバケツで水をくみ出しています。強い雨との付き合い方を熟知し、淡々と生活しているところに強さを感じます。

雨期の私の個人的な楽しみは、庭や道端に咲くブーゲンビリアとおぼしき赤や黄色の花を眺めることです。乾期でも花は咲いているのですが、雨期には一段と花の色が鮮明になるように感じます。なかなか美しい眺めです。

雨期と乾期が繰り返される南部に対して北部は気温の変動も大きく、季節の違いが明確です。北部のハノイへ何度か行ったことがありますが、夏は湿度が高くてとても暑苦しい日が続きます。まとわりつくような暑さで、外にいると衣服がすぐに汗でぐちゃぐちゃになりました。夏の比較では、ハノイの方がホーチミンよりはるかに暑いと思います。

一方で北部ハノイの冬は、気温が一〇℃以下になる日が何日もあるようで、コートやジャケットが必需品のようです。一度二月にハノイを訪れたことがあります。空はどんよりと曇り、日本の春の花冷えの気候という印象でした。寒くなってもストーブなどの暖房器具はほとんどないため、暖を取るのに苦労した記憶があります。恐らく、タイル張りで風通しの良い家に住んでいるハノイの人たちは、相当の寒さを感じているのだろうと想像します。寒さの原因は、シベリアで発生した寒気が中国を横断してベトナム北部に南下してくることにあります。この寒気は、ハイヴァン峠へ到達する前に海へと流れ出すため、南部には影響がないようです。

北部の紅河デルタ地帯から南に目を転じると、幅の狭い土地がハイヴァン峠まで続く地域があります。ゲアン省、ハティン省、クアンビン省、クアンチ省、トゥアンティン・フエ省など。西側にラオスとの国境となっているチュオンソン山脈がひかえるこれらの地域は、ベトナムで最も厳しい気候の地域と言われています。夏には、モンスーンが運んできた湿った暖かい空気がチュオンソン山脈に当たり乾燥し、フェーン現象が発生します。気温が四〇℃を超える日も少なくないようです。逆に冬は、シベリアからの寒気が流れ込み、寒い日も続くようです。さらに、フィリッピン沖で発生した台風が直撃する地域でもあります。多い年では、年に一〇個ほどの台風が上陸しているようです。

明らかにベトナム北部は、南部より厳しい気候条件にあると言えます。誤解をおそれずに要約すると、薄暗い北部と明るい南部という表現がぴったりです。

ベトナムは、山と川で国土が形成されています。ベトナムの国土の四分の三は山岳地帯です。北の中国との国境地帯には北部山脈、ラオスとカンボジアとの国境地帯にはベトナムを南北に縦断するチュオンソン山脈、それから、チュオンソン山脈の南側に中部高原地帯が広がります。また、ベトナムの河川の数は二八〇〇を超えます。代表的な北部の紅河（ソンコイ川）、九龍河（メコン川）以外の川は、上記した山岳地帯を源にした短く、小さな川です。我が国と同じように、ほとんどの川は、急峻なところを流れ落ちるため急流になり、普段は小さな沢のような川も、一度大雨が降ると激流に変身します。

ホーチミンにもドンナイ川から続くサイゴン川があり、河口付近では豊富な水量を保ち、ゆったりと流れています。ホーチミンで洪水の被害は何十年もないと聞いていますが、これは例外です。梅雨の終わりに日本では必ずどこかで水害の被害が出ているように、ベトナムにおいても、大雨の度にどこかで水害が起こっていると考えて間違いありません。ベトナムには水が豊富にあります。しかしながら、水との付き合い方を常に問われている国、と言うこともできそうです。

第二章 ベトナムの歴史と日本との関わり

◉親しまれ、尊敬される英雄たち

ベトナムでは、中国の侵略に対して抵抗した英雄が、高く評価されています。一世紀に漢と果敢に戦ったハイ・バー・チュン（徴姉妹）。一一世紀に宋から独立を勝ち取ったリ・トゥオン・キエット（李常傑）。一三世紀に元との度重なる戦闘で活躍したチャン・フン・ダオ（陳興道）。一五世紀の明の侵攻と同化政策に抵抗したレ・ロイ（黎利）。一八世紀に清に打ち勝ち北から南までベトナムの統一を成し遂げたグエン・フエ（阮恵）など。そして、二〇世紀にフランス、日本、アメリカとの激しい戦争に勝利し、現在のベトナム誕生の立役者であるホー・チ・ミンは、国の象徴的な存在です。

こうした英雄たちの銅像は、ハノイやホーチミンの公園や街の中心に立ち並んでいます。中でもホー・チ・ミンは、ハノイに立派なホー・チ・ミン廟があり、ろうにより保存処理されたホー・チ・ミン本人が安置されています。ホー・チ・ミン廟のすぐ近くの公園には、一九五八年に建てられた粗末な高床式の木造の住宅がそのまま保存されています。執務に使ったと思われる小さな机、書物や時計も並べられています。ここには、外国の観光客はもとより多くのベトナム人が訪れ、ホー・チ・ミンを偲ぶ様子が見られます。

また、ホー・チ・ミンに関する博物館は、主な都市には必ずあり、地方でも博物館建設が次々に進められているようです。共産党による政策的なプロパガンダという側面があるにしろ、歴史的な英雄に対するベトナム人の親愛と尊敬の念は、実に深いと感じます。では、こうした親愛と尊敬の念は、どうして形成されたのでしょうか。その答えを知るためには、ベトナムの歴史を眺めてみる必要があります。

◉果敢な戦いの歴史

ベトナムは漢字で「越南」と書きます。中国から見ると、ベトナムは南に位置する属国の一つです。ベトナムと中国の争いの歴史は古く、紀元前の秦の始皇帝まで遡り、そして、中国によるベトナムの支配は紀元前一一一年の漢の侵攻から始まります。その後約一〇〇〇年にわたりベトナムの中国による植民地化が続きます。

ここで言うベトナムとは、北部の紅河（ホンハ川）がつくり出したハノイなどのデルタ地域のことです。一八世紀に南北が統一され、現在のベトナムの形が定まるまでは、我が国の歴史が中世までは京都、奈良の歴史であるように、ベトナムの歴史は、ハノイを中核としたベトナム北部の歴史です。

一〇〇〇年間の植民地時代には、中国王朝の統治体制が適用され、中国人官吏による支配が行われました。中国人官吏の不正や非道はひどいもので、長きにわたってその怨念はベトナム人の心に蓄積されていきました。怨念は植民地からの解放がなければ晴らすことはできません。恐らく大小様々な中国への反抗が試みられたはずですが、中国の支配体制は一〇〇〇年間揺るぎませんでした。それだけ中国とベトナムでは国力に違いがあったということです。有名な反乱としては、西暦四〇年のハイ・バー・チュン（徴姉妹）の反乱、二四八年のチュウ（趙）夫人の反乱、フウン・フン（馬興）の反乱などが、史実に残っています。面白いことに、三つの有名な反乱のうち二つは、女性が反乱の指導者になっている点です。伝統的にベトナムの女性は、社会的地位が高く、強い存在だったのかもしれません。

植民地時代に、統治体制のノウハウや仕組みはもとより、儒教、道教、中国仏教などもベトナム社会にもたらされました。当然、公式文書を作成するための漢字も移入され使用されるようになります。次第に地方の官吏はベトナム人が登用されるようになり、官吏になるために漢字は必須の知識となっていきました。植民地時代が長くなればなるほど、中国の文化や伝統はベトナム社会に深く入り込んでいったと考えられます。

特筆すべきことは、一〇〇〇年間も支配され続けると、支配国の文化や伝統に同化してしまい民族としてのアイデンティティが希薄化し、支配者に対する反骨心を喪失しそうですが、ベトナム人は決して民族としてのアイデンティティを忘れることなく、捲土重来を期していたのです。ついに九三九年、ゴー・クエン（呉王）が白藤江で南漢軍を撃破し、ベトナムは中国から独立します。その後、国内の諸勢力の争いに片をつけ、一〇一〇年李朝が成立、科挙制度の導入など安定した国としての体制が整っていき、一二二五年まで李朝が続きました。先にも書いたように、李朝の覇権は現在のベトナムの北部にとどまっており、中部や南部には、インド文明の影響を受けたチャム族によるチャンパ王国が存在していました。

李朝は、一〇七五年中国の新たな宗王朝の侵攻を受けますが撃破します。また、一一〇四年南のチャンパ王国から攻撃を受けますが、これも撃破します。この戦いから、ベトナムはいじめれっ子が一転いじめっ子に変身するように、窮鼠猫を噛むことになります。一一四五年に李朝軍は、チャンパとカンボジアに侵攻し一時占領します。こうしてベトナムの歴史は「北属南進」として展開していきます。北の中国に対しては、侵攻に対して守りを固め、南の国々に対しては、自ら侵攻し占領する歴史です。

一二五二年、中央アジアに勢力を拡大した元による侵攻を受けます。元の侵攻は一二八八年にかけ数次にわたって繰り返されますが、劣勢の中で粘り強く戦い国土を守り抜きました。一四〇七年には、強力な明朝軍による侵攻を受け、戦いに敗北し、二〇年間占領されます。そこに現れたのが英雄レ・ロイ（黎利）で、明朝軍への反乱を繰り広げ、ついに明朝軍を破り、再び独立を手に入れます。

中国の侵略軍は、必ず広州から広西チワン自治区の南寧を通り、国境の山岳地帯を抜けてきました。そして、現在の国道一号線のランソン経由で僅か一三キロメートル先のハノイに攻め込みました。現代においても歴史は繰り返され、一九七九年の中越戦争でもこのルートを使い中国軍が侵攻しています。まさに、歴史的侵略ルートです。このためベトナム政府は、山岳地帯の国境からランソン、ハノイを結ぶ国道一号線の道路整備を意図的に行わず、でこぼこ道のまま放置していると言われています。

中国からの侵略が小康状態になると、ベトナムは南への野心を露にします。一六五三年グエン（阮）氏がチャンバ王国への攻撃を開始し、その後、幾たびかの戦いを重ね、ついに一七八九年にグエン・フエ（阮恵）が、北部、中部、南部を含めたベトナム統一を実現しました。現在の主要民族であるキン族（越人）が主役になり、この時初めて現在の形のベトナムが誕生しました。さらに、一八四一年には、ベトナムによるカンボジア併合が行われています。

◉統一後も続く戦い

一九世紀のヨーロッパ列強の帝国主義は、ベトナムの安定した営みを破壊します。一八五八年フランスによる侵略が開始されました。中国に対して反抗したように、フランスに対しても反抗を試みますが、フランスの大型艦船や近代的な重火器の前に、反抗は戦果を上げられませんでした。

一八八四年フランスによる植民地化が始まります。フランスによる弾圧や搾取はひどいもので、多くのベトナム人が抵抗むなしく牢獄送りになりました。ホー・チ・ミンは「フランス統治下において、学校より多くの監獄が作られた」と述べています。

二〇世紀になると、武力反抗ではなく政治的な反抗運動が起こるようになります。一九〇五年からは、フランスからの解放をめざし、指導者育成のための日本への留学運動「ドンズー」が開始されます。また、一九一九年の第一次世界大戦のベルサイユ講和会議で、ホー・チ・ミンはインドシナの民主的自由の要求書を読み上げています。ベトナムは、世界の国々に窮状を訴え、理解者を増やすというしたたかな外交戦略へ舵を切り、一九三〇年には、ベトナム共産党が結党され、強国による帝国主義への反旗を鮮明に打ち出していくことになります。

第二次世界大戦のただ中の一九四〇年、日本軍はベトナムへ進駐し、ベトナムを占拠します。形の上では、フランスの統治の下での進駐ではありましたが、実際は戦況の悪化を改善するための南方進出が目的でした。ベトナムの人たちにとって、我が国もフランスと同じ穴の狢にすぎません。一九四五年に我が国が降伏するまでの五年間に、日本軍がベトナムの人たちに多くの労力や犠牲を強いたことは歴史的事実です。

一九四四年には、ホー・チ・ミンが日本軍に対する一斉蜂起を指令し、一九四五年我が国の降伏、日本軍の撤退の隙をついて、ホー・チ・ミンは、ベトナム独立宣言を発表します。しかしながら実態は、ベトナムのフランスによる再植民地化の到来でした。ホー・チ・ミン率いるベトナム共産党勢力とフランスとの対立が激化し、一九四六年から第一次インドシナ戦争へと雪崩れ込んでいきます。この戦争は一九五四年まで続き、同年のジュネーブ休戦協定でベトナムの南北分断が確定し、フランスの軸足はサイゴン（現在のホーチミン）を中心とする南部に移ります。

その後ベトナムの南北戦争へ移行し、一九六〇年にはホー・チ・ミンが共産主義を標榜する北部の大統領に就任しました。資本主義をめざす南部の後ろ盾としてフランスに代わりアメリカが登場し、一九六四年の北爆開始へと進んでいきました。フランスからの独立をめざした戦争が、ホー・チ・ミンがソ連の支援を受けたこともあり、東西冷戦構造のアメリカとソ連の代理戦争という色合いを深め変質していきます。一〇年にも及ぶ戦争は悲惨を極め、北軍と南解放民族戦線軍の犠牲者は一五〇万人以上、南政府軍一七万人以上、南の民間人犠牲者は四三万人以上という大変な数の命を奪っています。アメリカが北爆で投下した枯れ葉剤などに含まれるダイオキシンの影響で、数多くの奇形児が生まれ、現在でも後遺症に悩まされているたくさんの人がベトナムには存在しています。

一九七五年のサイゴン陥落によって北部共産党政権が勝利し、ベトナム戦争は終結し、南北統一が実現します。ところが、戦後北部共産党勢力が南部に進出するに伴い中国系の華僑を中心に共産党政権への不安感が高まり、一九七八年から一九八四年にかけて粗末なボートで国外脱出を図るボートピープルが日常化しました。恐らく数百万人がボートピープル化し、その多くが海の藻くずとして消えていきます。現在世界中に三五〇万人いるとされる越僑の大半はボートピープルとして国外へ脱出した人たちです。

ベトナム戦争終結から僅か三年後の一九七八年、殺戮を繰り返したとされるポル・ポト追討を錦の御旗にベトナムはカンボジアへ侵攻します。その後一九八九年までベトナム軍はカンボジアに駐留しています。中国がベトナムのカンボジア侵攻を非難し、一九七九年には一六日間でしたが中国がベトナムへ侵攻し、ハノイ周辺に大きな打撃を与えた中越戦争が起こります。ベトナムは、カンボジア侵攻により国際的に孤立、経済は低迷し、ベトナムの人たちは貧しい生活を余儀なくされました。

ベトナムの共産党政権は、貧しさから抜け出すため、一九八六年ドイモイ政策の採用を決め、一九八九年カンボジアから完全撤退しました。一九九五年アメリアとの国交を正常化し、同年のASEAN加盟などの外交政策を矢継ぎ早に打ち出して国際的な信用回復に努めました。その後、戦争のないベトナムで、順調な経済成長が現出していくことになるのです。

〈対外紛争から見たベトナムの歴史〉

・BC一一一年　漢による支配始まる（約一〇〇〇年の植民地化）
・四〇年　漢に対するハイ・バー・チュンの反乱（徴姉妹）
・二四八年　チュウ（趙）夫人の反乱
・七六六年　フゥン・フン（馬興）の反乱
・九三九年　ゴー・クエン（呉王）が白藤江で南漢軍を破り中国から独立
・一〇一〇年　李朝の成立（～一二二五年）
・一〇七一年　科挙制度導入
・一〇七五年　宗軍による侵攻
・一一〇四年　チャンパ王国を撃退
・一一四五年　チャンパ、カンボジアへ侵攻、占領
・一二五八年　元軍による侵攻（～一二八八年）
・一二八七年　元軍三〇万が陸海から侵攻、バクダン江で元軍を壊滅
・一三七六年　チャンパ攻略
・一四〇七年　明軍による侵攻、一四二七年まで占領される

・一四一八年　明に対するレ・ロイ（黎利）の反乱
・一四七〇年　チャンパから侵攻、撃退
・一五四〇年　中国人、日本人がホイアンに商港を開く
・一六五三年　グエン（阮）氏がチャンパ王国攻撃
・一七八九年　グエン・フエ（阮恵）がベトナム統一
・一八四一年　ベトナムによるカンボジア併合
・一八五八年　フランスによるベトナム侵略開始
・一八八四年　フランスによる植民地化
・一九〇五年　日本への留学運動「ドンズー」始まる（～一九〇八年）
・一九一九年　ホーチミン　ベルサイユ講和会議でインドシナの民主的自由を要求
・一九三〇年　ベトナム共産党結党
・一九四〇年　日本軍がベトナム進駐
・一九四五年　再度フランスの植民地化
・一九四六年　第一次インドシナ戦争開始（対仏　～一九五四年）
・一九五四年　ジュネーブ協定でベトナムは南北に分断
・一九六〇年　ホー・チ・ミン大統領に就任

・一九六四年　アメリカによる北爆開始
・一九七五年　サイゴン陥落によりベトナム戦争終結。ベトナム南北統一
・一九七八年　ボートピープル国外脱出（〜一九八四年）
・一九七八年　ベトナムによるカンボジア侵攻
・一九七九年　中越戦争
・一九八六年　ドイモイ政策の採用
・一九八九年　カンボジアからの完全撤退
・一九九五年　米越国交正常化、ＡＳＥＡＮ加盟
・二〇〇七年　ＷＴＯ加盟

ベトナム戦争を考える

ベトナム戦争が終結したのは一九七五年です。おおよそ四〇年が経過しようとしています。ベトナム戦争後に生まれた世代が多くを占めるようになったベトナムでは、戦争の臨場感は希薄化してきています。しかし、太平洋戦争や原爆が日本人のアイデンティティ形成の起点であり続けるのと同様に、ベトナム戦争はベトナムの人たちのアイデンティティ形成の起点になっているの

は間違いのないことです。ベトナムの地でベトナム人とともに長期的な視点でモノづくりを行おうとするのであれば、ベトナム戦争を知り、その上でベトナムの人たちと接することが重要になります。

◉ベトナム戦争の経緯

ベトナム戦争におけるアメリカの戦死者は五万八〇〇〇人、戦傷者三〇万人。一方でベトナムの戦死者は三〇〇万人、民間人犠牲者四〇〇万人、行方不明者三〇万人、枯葉剤被害者一〇〇万人、難民一〇〇〇万人、と言われています。ベトナムの被害はアメリカと比べて圧倒的に大きいものです。しかし、歴史上初めてアメリカが敗北した戦争であり、国としての威信を大きく傷つけ、アメリカを深い憂鬱の底へ叩き込んだ戦争でもあります。時代を追ってベトナム戦争の概要を見ていくことにします。

一九四五年：ベトナム民主共和国独立宣言。一九四〇年から一九四五年までは日本軍がベトナムに駐留しベトナムを統治していましたが、第二次世界大戦の終結により日本軍は撤退します。これを好機と見たホーチミン率いるベトミン（ベトナム独立同盟）が独立宣言を発表します。

一九四六年：一八八四年以来ベトナムを植民地化していたフランスが、日本軍の撤退と入れ替わるように再度ベトナムに触手を伸ばし、南部にコーチシナ共和国を樹立します。植民地時代の既得権の復権とハノイのベトミンとの対決姿勢を鮮明にし、ここから戦闘が始まります。一九四六年から一九五四年までのベトナム民主共和国（ベトミン）とフランスの戦いを第一次インドシナ戦争と呼びます。

一九四九年：フランスがベトナム最後の王朝であるグエン（阮）朝の皇帝バオ・ダイを担ぎ出し、明らかな傀儡政権であるベトナム国を樹立します。この年毛沢東は共産党政権である中華人民共和国を樹立し、翌年にはソ連とともにベトナム民主共和国（ベトミン）を国として承認しました。これを見た米英は、ベトナム国（傀儡政権）を承認します。結果、ベトナムは東西冷戦構造の最前線へと躍り出ます。一九五〇年には朝鮮戦争が開始され、東西の対立は激化していきます。ベトナム共和国は、中国、ソ連からの軍事援助により、急激に戦闘能力を高め、フランス・ベトナム国との戦闘も当然激しさを増しました。

一九五四年：ディエンビエンフーの戦いでフランスがベトナム民主共和国に敗北したことを契機に、ジュネーブ協定による第一次インドシナ戦争の休戦が実現します。しかし実態は、ベトナムの南北への分断化でした。北緯一七度線の北側がベトナム民主共和国（北ベトナム）、南がベトナム共和国（南ベトナム）と、大きな火種を残したままの休戦です。

一九五六年：フランスがベトナムから完全撤退しました。しかし、アメリカが南ベトナムへ直接援助を開始し、実質的にアメリカ対北ベトナムの対立構造が明確化します。北ベトナムと南べトナムの小競り合いはその後も継続して続いていきます。
一九六〇年：民族解放戦線（ベトコン）が南部タンニン省で結成されます。アメリカ・南ベトナムは、北ばかりでなく南でも敵を体内に抱えることになります。翌年ソ連はベトコン支援声明を発表、これに対してアメリカ・南ベトナムは、ジュネーブ協定に違反する軍事顧問団増派を決定します。ここから北ベトナムとアメリカ・南ベトナムの戦闘が開始されます。一九七五年まで続くこの戦いを第二次インドシナ戦争（ベトナム戦争）と呼びます。
一九六二年：アメリカが枯葉剤散布を開始します。北ベトナムの南への侵攻ルートでありベトコンへの物資の補給ルートは、チュオンソン山脈沿いに広がる小道（ホーチミン・ルート）でした。この小道を分断するため密林にダイオキシンを含む枯葉剤が使われました。翌年アメリカ大統領に就任したジョンソンは、戦闘の本格化を宣言し、戦闘部隊を増派しました。最大時五四万人の兵力を投入し、年三〇〇億ドルの戦費、二五〇万トンの爆弾、数百キロのダイオキシンを費やし、徹底的な焦土作戦を展開します。
一九六四年：トンキン湾事件（北ベトナム魚雷艇によるアメリカ艦船への攻撃）からアメリカ軍による北爆が本格化します。翌年からは、ベトコンを狙った南爆も本格化、泥沼の戦闘が繰り返されることになります。
一九六八年：北ベトナム・ベトコンのテト攻勢が始まります。アメリカは、サイゴンなどの都市部への爆撃も行い失地挽回を図りますが、大量の爆弾やダイオキシンの使用にも関わらず抵抗力を弱めない北ベトナム・ベトコン、長引く戦闘に対して厭世感を強めていきます。この年以降アメリカの戦意が高まることはありませんでした。

一九六九年：ホーチミン死去。北ベトナムは共産主義への傾斜を強めていきます。ベトコンが地下政府である南ベトナム共和国臨時政府を樹立します。クチ周辺の地下トンネルは総延長二五〇キロメートル、トンネルの中に病院、厨房、印刷所、武器工場などがあったようです。アメリカはベトナムからの撤退準備を開始しました。

一九七三年：ベトナム民主共和国（北ベトナム）、南ベトナム共和国臨時政府、ベトナム共和国（南ベトナム）、アメリカの四つの勢力の間でベトナム戦争終結のためのパリ協定成立。この年アメリカ軍はベトナムから完全撤退しましたが、この後も北ベトナム、南ベトナム共和国臨時政府と南ベトナムの戦闘は継続されます。

一九七五年：北ベトナム軍の攻勢によりサイゴン陥落、南ベトナム政府崩壊により、ベトナム戦争終結。そして、ベトナム統一が実現しました。

一九七六年：ベトナム社会主義共和国成立。

一九七八年：人民虐殺を繰り返すクメール・ルージュのポル・ポト政権打倒を理由にしてベトナムはカンボジアに侵攻します。カンボジア侵攻を諌める中国のベトナム侵攻（中越戦争　一九七九年）および一九八九年のベトナムのカンボジアからの撤退までの戦いを第三次インドシナ戦争と呼びます。

インドシナ半島は民族の十字路と呼ばれます。ベトナムも多民族国家、主要民族のキン族が八六％を占めていますが、残りは五三の少数民族から成り立っています。つまり、単純な国家統一が難しい国内事情を抱えていました。また、第二次世界大戦後のインドシナ半島およびその周辺地域は、インドネシアのスカルノ、カンボジアのシアヌーク、インドのネルー、中国の毛沢東、北朝鮮の金日成などのリーダーが民族の解放、独立のために共産主義を標榜し、政治的に混乱の中にありました。そうした中で起こったのがベトナム戦争でした。

ベトナムは、一八八四年以来続いていたフランスによる植民地支配への不満や怨念を膨らませて二〇世紀の歴史を刻んでいました。日本軍の統治が終わり再びフランスがベトナムへ触手を伸ばしてきた時、フランス掃討へのベトナム人の決意は相当なものであったはずです。一九五四年にディエンビエンフーで見事フランス軍を打ち破りました。しかし、東西冷戦の影響をまともに受けて、ジュネーブ協定により、ベトナムは残念ながら南北に国が分断されてしまいます。その後、最も被害の大きかったベトナム戦争（第二次インドシナ戦争）へ突入します。北はソ連、中国の援助を受け、もう一方の南はアメリカの後ろ盾で、ベトナム人同士が戦うこととなりました。さらに南ベトナムでは、南ベトナム政府とベトコン（越共）が内戦さながらの戦いを行いました。

世界政治の影響を受け、大国の思惑に翻弄されながら、大国との腐れ縁を断ち切り、民族独立を手中に収めるためには、ベトナム戦争は歴史的必然であったのかもしれません。

一九四六年の第一次インドシナ戦争から一九八九年の第三次インドシナ戦争終結までの約四四年間、ベトナムは戦争状態にありました。その間フランス、アメリカという大国の侵略に対して確固として戦い、結局は勝利を収めています。窮鼠猫を噛む、の感がありますが、一方ではベトナム戦争の末期である一九七〇年と一九七一年に、南ベトナムはアメリカ軍とカンボジアおよびラオスに侵攻しています。一九七八年からの第三次インドシナ戦争は、ポル・ポト打倒の大義を打ち出したにしろ、カンボジアに対する侵略戦争です。大国に翻弄されながらも、忍耐強く大国を打ち負かし、機を見て周辺への侵略も忘れない、こうしたしたたかさもベトナムは歴史に刻んでいます。

北ベトナム（ベトミン－ベトナム独立同盟）の基本的な戦闘組織は、村落や集落単位で集められた農民中心の自衛戦闘隊です。彼らは、国や民族の独立の前に自らの集落や家族を守るために身を挺して戦いました。南のベトコン（民族解放戦線）もまた、自立村落解放区を拠点とする農民中心の自衛戦闘組織が基本でした。こうした戦闘組織が、国中に形成され、チュオンソン山脈に沿ったホーチミンルートを使って物資の輸送や意思疎通を図っていたのです。

これに対して南ベトナム軍は、一九六一年当時、正規軍一五万人、民兵六万人、警察四万五千人の組織を誇りました。しかしながら、二万人ほどのベトコンゲリラに太刀打ちができませんでした。南ベトナム軍が機能しなかった理由は単純です。南ベトナムの軍人は、アメリカの援助を受け給与をもらう勤め人。これに対してベトミン、ベトコンは、自らの集落や家族を守ることに高い使命感を持った人々だったからです。北への攻撃はアメリカ軍の空爆が主流で、南ベトナム軍はほとんど地上戦を戦っていません。農村や密林でベトコンと遭遇したとしても、結果は火を見るより明らかでした。つまり、勝手知ったる密林に敵を誘い込み、肉を切らせて骨を断つというベトミン、ベトコンの戦術が功を奏したと見ることができます。

フランスの植民地支配から換算すると約一〇〇年間、二〇世紀のほとんどをベトナムは戦争に費やしました。その間に多くの人材を失いました。ベトナム戦争中はもとより、社会主義国として独立後、体制的な締め付けを嫌い一九八〇年代に数多くのボートピープルを生み出しました。現在世界中で暮らすベトナム人は三五〇万人以上と言われています。また、地域の経済発展と非共産主義をめざしたASEANが結成されたのは、ベトナム戦争中の一九六七年です。ベトナムがASEANに正式加盟したのは一九九五年、およそ三〇年の経済的出遅れです。こうした状況であったにもかかわらず、現在ではASEAN諸国の中で高い経済成長を評価される国なっているのは、驚くべきことです。

◉アメリカのベトナム戦争

一九八六年に公開されたハリウッド映画「プラトーン」では、一九八六年当時のカンボジア国境でのベトコンとの戦闘やアメリカ軍の日常がリアルに描かれています。主役の新兵を演じるチャーリー・シーンは、密林で出会った蛇に驚き、そこら中に転がる死体に吐き気を感じ、容赦ない蟻の攻撃に、一週間でベトナムは地獄だと嘆きます。また、戦闘シーンでは、密林の中からベトコンゲリラが忽然と現れる恐怖を迫力満点に描いています。映画の最後、一年間の兵役を終えて本国へ帰還する際、主役の新兵はベトナムでの戦争体験をこう語ります。「高校も出ていない底辺の人間がアメリカの自由のために戦っている。何が正義で何が悪かわからなくなる。敵と戦っていたのでない。自分と戦っていた」ここから当時のアメリカ兵の本音と深い憂鬱を感じ取ることができます。

では、なぜ深い憂鬱の中でアメリカ兵はベトナム戦争を戦わなければならなかったのでしょうか。直接的、間接的にベトナム戦争に関わりを持ったアメリカ大統領の政治的決断に注目し、理由を探ろうと思います。ベトナム戦争に関係した大統領は次の五人です。

・第三三代　ハリー・トルーマン（一九四五～一九五三年）
・第三四代　ドワイド・アイゼンハワー（一九五三～一九六一年）

・第三五代　ジョン・F・ケネディ（一九六一～一九六三年）
・第三六代　リンドン・ジョンソン（一九六三～一九六九年）
・第三七代　リチャード・ニクソン（一九六九～一九七四年）

一九四九年、中国に共産党政権が誕生し、ドイツではベルリン封鎖が始まります。翌年には朝鮮半島で金日成が武装蜂起。トルーマン大統領は、共産主義に対抗するため毅然と朝鮮半島への出兵を決断します。そして、一九五三年に北緯三八度線による朝鮮分断化で決着を図っています。国を分断化する政策は、一九五四年の第一次インドシナ戦争の終結を図るジュネーブ協定に踏襲されていきます。アメリカが朝鮮戦争に精力を傾けた背景は、一九五〇年の共産主義者のスパイ事件（ローゼンバーグ事件）に始まる共産主義者排斥運動であるマッカーシズム（赤狩り）の高まりがあります。

アイゼンハワー大統領は、ドミノ理論で朝鮮およびベトナムの分断化政策を説明しました。ドミノ理論とは、ある一国が共産主義化すれば、ドミノ倒しのように近隣諸国が次々と共産主義化する、という考え方です。換言すると、アメリカはドミノ現象を押しとどめる防波堤にならねばならない。そのために必要なら軍事的介入も辞さないということです。この考え方が、アメリカがベトナム戦争へと突入する理論的基盤となりました。

一九六一年若いケネディ大統領とヒグマのようなソ連の最高指導者フルシチョフは、核戦争の危険をはらんだキューバ危機を演出しました。東西冷戦の対立構造がピークを迎えた時期です。強硬な姿勢でキューバ危機を乗り越えたケネディは、強気を維持したままベトナムのランチ・バンド作戦（枯葉剤散布）を開始します。不運にもベトナムが東西冷戦の格闘場と化したということです。

ジョンソン大統領は、一九六四年の北爆、翌年の南爆を矢継ぎ早に決断し、ベトナムでの戦闘を本格化させていきます。ベトナムで最も激しい戦闘が行われたのはジョンソン大統領の時代です。一方アメリカ国内では、一九六四年に人種差別を禁ずる公民権法制定、一九六七年にはキング牧師がベトナム戦争への良心的兵役拒否を提唱、蝶のように舞い蜂のように刺すと形容されたモハメド・アリが兵役拒否により、一九六九年にチャンピオンベルトを剥奪されています。もはやこの時代、アメリカは一丸となってベトナム戦争に立ち向かう心情を共有する国ではなくなっていました。また、明確な敵であったはずのソ連はじめ東欧諸国は、技術革新の進展に対抗できずに経済的停滞状態にありました。一九六九年にアポロ一一号が月面着陸に成功した時点では、西側諸国との技術および経済的格差は明らかで、共産主義陣営の負けは既成事実化していました。実際、東西冷戦の格闘場であるはずのベトナムの意味は変質したのです。にもかかわらず莫大な戦費と多くの人的犠牲を要請するベトナム戦争に対し、アメリカ国民が懐疑心を増長させたのは当然の帰結です。アメリカの憂鬱は深まるばかりでした。

ニクソン大統領は、ベトナム戦争が戦争を行う大義も国民の心をひとつにするシンボルもない戦いになっていることを踏まえ、早期の幕引きをめざします。一九七二年に中国を訪問し、東西の融和を演出します。そして、一九七三年にパリ協定に調印し、戦争の成果などは棚上げにしてさっさとアメリカ軍を完全撤退させました。戦争の意義を見失い逃げ腰になった大国アメリカは、ベトナムの敵ではなかったということです。

◉大きな物語の終わり

戦争遂行には大量の武器や物資が必要になります。北ベトナム兵を一人殺すのに三〇〇発の爆弾が必要だったとも言われています。我が国は、直接的にベトナム戦争へ関与はしていませんが、ナパーム弾の九〇%は日本製が使用され、有刺鉄線、発電機、ダイナマイト、クレーン、トラックなどを我が国から輸出しています。また、アメリカの空母は横須賀や佐世保で補給や修理を行い、横田、岩国はベトナムへ向かう航空機の中継基地としての役割を果たしました。沖縄は戦闘機の訓練拠点として重要でした。我が国は、それこそ技術の粋を結集し、武器や物資の供給を陰で支えていました。ニーズに応じて商品を提供するというビジネスの側面は当然のこととして、西側の一員としての役割を果たし自由を守ろうとする使命感も少なからずあったはずです。我が国もまた、東西冷戦構造の影響下で政治的、経済的な決断を行っていました。

ところが一方で、一九六〇年代後半、アメリカではベトナム戦争帰還兵の社会復帰の困難さや良心的兵役拒否といった動きが政治家や政治に対する不信感を増幅させていきます。ジョーン・バエズの「ドナドナ」を歌いながらの反戦運動も高まりをみせ、反体制的な生き方を選ぶヒッピーが若者の間に受け入れられていきます。我が国においても、鶴見俊輔や小田実の呼び掛けに同調したべ平連（ベトナムに平和を、市民連合）が活況を呈します。

反戦運動やヒッピーといったサブ・カルチャーの現出は、裏返せば自信と価値観の喪失です。従来からのＷＡＳＰ（ホワイト、アングロサクソン、プロテスタント）が国の支配層としてアメリカをリードするモデルの瓦解を示しています。ミーイズム（個人主義）に一人一人が入り込み、国民として一致団結し、敵に立ち向かう気力も勇気もなくなり出していきました。アメリカンウエイオブライフを謳歌する良きライフモデルは終わりを告げたのでした。我が国のべ平連も、思想、信条にとらわれない名もなき市民の自主的な運動であり、一丸となって国を挙げて敵に立ち向かおうという勇ましいものではありませんでした。

ベトナム戦争の敗北は、技術革新による豊かさや便利さの追求、大量生産大量消費、言うならばアメリカンウエイオブライフに対する強烈なアンチテーゼとなりました。つまり、ベトナム戦争は、アメリカを含む西側諸国における大きな物語の終焉を意味する出来事だったのです。憧れていたライフスタイルの喪失は、新しい価値観を求める心情を呼び起こし、民族、文化、アイデンティティの再考への機運を高めることになります。そして、ベトナム戦争の結末は、世界政治のパワーバランスも崩壊させます。東西冷戦構造は存在感を希薄化させ、同時にパックスアメリカーナの終わり、換言すると、アメリカ一国による支配の可能性の低下を招来させ、世界の多様化を一気に加速させました。

皮肉なことですが、アメリカのベトナム戦争での敗北がなければ、二一世紀初頭に黒人のバラク・オバマ大統領が誕生することはなかったのかもしれません。

ホー・チ・ミンとベトナム

◉国際人としてのホー・チ・ミン

一九六〇年代から一九七〇年代前半にかけてベトナム戦争は、我が国においても毎日のニュースのトップ項目でした。ニュース映像に登場するアメリカ大統領リンドン・ジョンソンやリチャード・ニクソンの指導者らしい恰幅の良さと比べて、あご髭を生やし痩せたベトナムの指導者ホー・チ・ミンは、いかにも貧相に見えました。ところが勝利したのは、貧相なホー・チ・ミンのベトナムでした。大国アメリカをアジアの小さな国ベトナムが撃破したと伝える衝撃的なニュースを、昨日のことのようにはっきりと憶えています。

ホー・チ・ミン（胡志明）は、一八九〇年ベトナム中部高原地帯のゲアン省で生まれました。本名はグエン・シン・クン（阮生恭）。中部高原地帯は、夏はチュオンソン山脈から吹き下ろすフェーン現象で暑さが厳しく、台風シーズンには山岳に沿って流れる河川が氾濫し洪水が頻発し、冬は冷え込む、というように過酷な自然との戦いが必要な地域です。自然環境が厳しいからでしょうか、多くの政治指導者や革命家が中部高原地帯出身だとされています。ホー・チ・ミンもまた、生まれた自然環境が戦いへの能力を養ってくれたのかもしれません。

フランスの植民地下で少年時代を過ごしたホー・チ・ミンは、フランスに対する反感を胸に抱きながら、家計を助けるため二一歳の時、ベトナムーマルセイユ航路のフランス商船のコック見習いとしてベトナムの地を離れます。その後三〇年間、フランス、ロシア、中国、アメリカなどで過ごすことになります。さしたる後ろ盾もない海外生活で苦労を重ね、実践の中で英語、仏語、露語、中国語を理解できるようになります。当時のアジア人としてホー・チ・ミンは、海外経験豊富でグローバルな視野を持った稀な国際人であったと考えることができます。

ホー・チ・ミンの海外生活は謎だらけです。フランスと中国で結婚し子供を授かったという伝記もありますが定かではありません。ベトナム共産党の公式見解では、生涯独身を通したことになっています。確実にわかっていることは、一九一九年、第一次世界大戦のベルサイユ講和会議で、ベトナム解放に関する嘆願書を提出し読み上げたことです。その後、フランス社会党、共産党およびコミンテルンに参加し、一九三〇年にベトナム共産党を結党したことです。海外生活を通してホー・チ・ミンは、憎きフランスからベトナムを解放するための切り札としてマルクス・レーニン主義を選択していくことになります。

ベトナム共産党結党以後一九四一年にベトナムへ戻るまで、ホー・チ・ミンは、グエン・アイ・クオック（阮愛国）という名前を好んで使っていたようです。漢字を見ればわかるように、ベトナム国を愛する者という意味です。革命に参加する人は、家族への弾圧を回避するため偽名を使うのが普通で、ホー・チ・ミンも数多くの名前を使い分けていたと推測されます。ホー・チ・ミン（胡志明）という名前は、一九四二年に中国へ潜入する際、中国人になりすますための偽名です。その後一九四四年には、ホー・チ・ミンの名で、ベトナムに進駐していた日本軍に対する一斉蜂起を指令し、我が国の降伏を見極めた上で一九四五年にベトナム独立宣言を発表しています。

戦争の中でホー・チ・ミンは、国際感覚をいかんなく発揮します。ベトナムに進駐した日本軍への反抗は、我が国の戦況の悪化に関する情報を十分に分析した上で、タイミング良く一斉蜂起し、一気に独立宣言まで行っています。また、ベトナム戦争では、ソ連はじめ社会主義陣営からの支援を逸早く取り付けながら、最初はアメリカの攻撃に無抵抗を決め込み、その惨状をマスコミを通して世界各国へ発信し同情を喚起した上で、反抗を開始しました。単に眼前の敵に立ち向かうのではなく、国際人として情勢を見極める目を生かし、絶妙なタイミングで行動を起こすことにより、まさに蟻が巨象を倒すことを可能にしたのです。

◉思想家としてのホー・チ・ミン

ベトナム共産党は、一九九一年の第七回共産党大会で「ホーチミン思想」を、党の思想的根拠とすることを決めています。ベトナム共産党の思想に関する公式的見解は「マルクス・レーニン主義の創造的適用」となっています。しかしながらホー・チ・ミンは、同時代のレーニンが「国家と革命」や毛沢東が「実践論」といった著作を残したのとは違い、思想をまとめた著作や論文を残していません。したがって、「ホーチミン思想」を知るには、ホー・チ・ミンの生き方をなぞりながら、その思想基盤を探るしか方法はないのです。

先にも述べたように、ホー・チ・ミンは三〇年間祖国を離れ外国で暮らしています。しかし、祖国ベトナムへの愛国心を忘れることなく、フランス帝国主義に対して怒りの炎を燃やし続けた人です。換言すると、ベトナム民族の解放が彼の使命であり望みだったのです。共産党革命に共感しコミンテルンで活動していますが、究極の目的であるベトナム民族の解放をぶれることなく追い続けました。恣意的に彼の思いを代弁すると、マルクス・レーニン主義に基づいてベトナム革命を遂行しようと考えたのではなく、マルクス・レーニン主義を手段として有効活用してベトナム民族の解放を達成しようと考えたのではないでしょうか。

一九四五年の独立宣言でホー・チ・ミンは、次のように述べています。「地球上の全ての民族は生まれながらに平等であり、生存する権利、幸福かつ自由である権利を持つ」「全ての人は自由かつ権利において平等な者として出生し、生存する」「フランス人は逃げ去り、日本人は降伏し、バオダイ帝は退位した。我が人民はほぼ一世紀にわたって彼らをつないできた鎖を断ち切って祖国のために独立を勝ち取った。我が人民は同時に一〇世紀にわたって君臨してきた君主制を打倒し、それに代わって現在の民主共和国を樹立した」。そして、自国を「ベトナム民主共和国」と名乗りました。

独立宣言の中には、共産主義革命でおなじみの「革命の成就」「階級闘争における勝利」という言葉は出てきません。むしろ、独立、平等、幸福や自由の追求といった言葉が並びます。フランス革命やアメリカの独立宣言を思い起こさせます。ホー・チ・ミンの思い描いていた理想的な社会は、社会主義というよりも自主独立した共和国であり、民主主義国家であったのであろうという推測が成り立ちます。またホー・チ・ミンの国民への情報発信は、常にベトナムの伝統的詩を使った平易な言葉による語りかけでした。教条主義的な訴えかけはしていません。さらに、独立宣言のなされた一九四五年に、漢字とチュノムの使用を禁止し、アルファベットで綴るクオックグーをベトナム語に制定しました。恐らく国民一人一人が、自由や幸福を追求するための最低条件である読み書きの習得を促進するための政策だったのでしょう。しかし残念ながらホー・チ・ミンは、ベトナム戦争の最中である一九六九年に亡くなります。彼のめざした理想的な国づくりは道半ばにして頓挫したのです。

ホー・チ・ミンの死後、ベトナム共産党が彼の意志を継いでベトナム戦争を引き継ぎます。ベトナム戦争は東西冷戦の影響を強く受け、ソ連とアメリカの代理戦争という色彩も濃くなっていきました。こうした状況の中ベトナム共産党は、ホー・チ・ミン思想との乖離を理解しながらも、ソ連への傾斜を強め社会主義へ傾倒していきます。一九七五年のサイゴン陥落によるベトナム戦争の勝利で、さらに政治的基盤を強固にし、一党独裁体制を確かのものにしていきました。基本的にベトナム共産党による一党独裁体制は現在も続いています。

とはいえベトナム共産党は、階級闘争至上主義で政治を行ってはいません。ベトナムの伝統的な文化や風俗を一貫して尊重しています。宗教に対してもおおらかです。中国とは違い土地の利用や所有も容認しています。さらに一九八六年のドイモイ政策導入以降は、積極的に資本主義的政策を取り入れています。ベトナム共産党の政策決定には、ホー・チ・ミンがめざした独立、平等、幸福や自由の追求を意識した微かな足跡が見えます。

ホー・チ・ミン廟や博物館などには必ず「独立と自由ほど尊いものはない」というホー・チ・ミンの言葉が掲げられています。また、ベトナムの全ての紙幣には、あご髭を生やし痩せた笑顔のホー・チ・ミンが印刷されています。ホー・チ・ミン思想は、こうした営みを通してベトナム社会の中で継承されていくのかもしれません。

◉象徴としてのホー・チ・ミン

ホー・チ・ミンは、ベトナム民族の解放の先に、先駆者であるフランスやアメリカが成し遂げた自主独立の共和国や民主主義国家を夢見ていました。ところが歴史は皮肉です。一九四一年に帰国以降、民族の解放を勝ち取るために、フランスやアメリカと長く厳しい戦争をする巡り合わせが待っていました。想像するに、彼の中には複雑な思いが去来していたに違いありません。

ベトナム民族の解放は、ベトナムの人びとの貧しさからの解放でした。ホー・チ・ミンは、貧しさからの脱出のためにはまずベトナムの独立と自由を勝ち取ることの必要性を説き、人びとの団結と愛国心の喚起を促しました。そして、人びとの団結心と愛国心から生まれる熱情を戦争遂行のエネルギーへ昇華させていったのです。彼の指導なくしてフランスとアメリカとの戦争での勝利はなかったはずです。彼は、戦争の英雄であり、ベトナムの独立と自由の父でもあります。しかし、ホー・チ・ミンは決して英雄になることを望んではいませんでした。

ホー・チ・ミンは遺書の中で、次のように書き記しています。

「私の遺体を火葬にして、灰を三つに分け、北部、中部、南部の人たちのために、それぞれの丘陵に埋めてほしい」「丘陵には石碑、銅像を建てず、訪れた人が休むことができるよう、簡素で、広く、堅固で、涼しい建物を建て、丘陵の上に植樹の計画を立ててほしい。訪れた人が記念に木を一本植える。日がたてば、森林となり、景色もよくなり、農業にも役立つだろう。管理は古老たちに委ねてほしい」と。遺書には神格化を嫌う彼の信条が綴られています。しかしながら現在、彼の銅像は国中に立ち並び、ハノイのホーチミン廟には、ろう加工された彼自身が生前の姿のまま眠っています。なぜホー・チ・ミンの意志に反して、彼は英雄として祭り上げられることになったのでしょうか。

理由は二つあります。第一は、ベトナム共産党が、かつてのインドシナ、ベトナム戦争中に実現された国民の団結心と愛国心の高揚、そしてそこから生まれる熱情とエネルギーを、再度新たな豊かさの獲得、つまり、経済成長に結びつけたいという意図を持っていることです。そのためには、指導者ホー・チ・ミンという名は不可欠。彼は引き続き英雄でなければならないのです。

第二の理由は、一九三〇年の結党以来ベトナム共産党を先導してきたホー・チ・ミンの存在なくして、現在の「ベトナム社会主義共和国」（社会主義国家）の正当化およびベトナム共産党の永続化を保証するものは他にないからです。ベトナム戦争終結後すぐに、南ベトナムの首都サイ

■博物館のホー・チ・ミン

ゴンをホーチミン市と変更したのは、ベトナム共産党の意向が明白に現れている好例です。

今やホー・チ・ミンは、国民から人気のある「ホーおじさん」（バック・ホー BacHo）であり、建国の英雄です。同時に、ベトナム共産党のシンボルマークにもなっています。穿った見方をすると、ホー・チ・ミンというシンボルなくして、ベトナムの経済成長もベトナム共産党の存続も難しいということです。

外国人には伺いしれませんが、公安当局は大きな権限を持っており、政治思想に関しての取り締りは厳しく行われ、社会主義特有の思想弾圧は潜行しながら横行していると思われます。しかしながら一方で、ベトナムはＡＳＥＡＮやＷＴＯに加盟し、ＴＰＰ（環太平洋経済協定）への積極的参加を表明しています。越僑の影響力も増しています。ものや人の流れは質量共に大きくなり、海外の情報も自由に国民が入手できる状況が訪れています。

近い将来、経済成長が順調に進み、新たな豊かさ獲得が実感されれば、ホー・チ・ミンのシンボルマークとしての威力は徐々に減衰していくのかもしれません。そして、将来ホーチミン市が旧名のサイゴンに戻る日が来るかもしれません。恐らくその日が、ホー・チ・ミンが夢に見た民主主義国家としてのベトナム誕生の記念日になるのではないでしょうか。

一七世紀の日本とベトナム

日本の一七世紀は、戦国時代を徳川家康が平定し、安定した江戸時代の幕開けの世紀です。一方ベトナムは、北部の鄭（チン）氏と中部の阮（グエン）氏という二大勢力が拮抗していた時代です。世界に目を転じると、大航海時代が始まり、世界中の海を様々な国の船舶が行き交う時代であり、一六〇二年にオランダが東インド会社を設立し、資本主義の黎明期でもありました。当時は、思いの外各国の船舶の往来が活発で、比較的安全な国際的自由貿易秩序が整っていたようです。

一七世紀以前の我が国では、一三世紀から一六世紀にかけて中国大陸や朝鮮半島でおそれられた倭寇が、東南アジア貿易の先陣をきっています。しかし倭寇は、海賊であり、密貿易が専門の集団でした。本格的な日本国としての貿易は、一五九二年に豊臣秀吉が堺の商品に与えた朱印状に基づく交易が始まりです。その後、一六〇四年から一六三五年まで徳川幕府の交付した朱印状に基づく朱印船が我が国の国際貿易の基礎になったと考えられます。一六三六年に徳川幕府は鎖国令を実施し、朱印船貿易は僅か三二年間で終わりを告げます。とはいえ、朱印船は多くの興味深い歴史をつくり出しました。

徳川幕府が交付した朱印状は、判明しているだけで三五六通。そのうち最も多いのがベトナムの交趾（コーチ　ホイアン）に対する朱印状でした。他にベトナムでは、東京（トンキン　ハノイ）にも朱印船は進出しています。朱印船貿易において、日本とベトナムは非常に密接な関係にあったのです。ベトナムの他にも、ルソン（フィリッピン）、アユタヤ（タイ）、プノンペン（カンボジア）など東南アジア各国へ朱印船は進出し、各地に日本人町を形成していきます。

当然ベトナムのホイアン（会安）にも日本人町は形成され、一六三四年当時、日本人戸数は約八〇戸、約二〇〇人が居住していたという史実が残っています。また、アユタヤでは、約一五〇〇人の日本人が居住していたとも言われています。アユタヤにおいては、地方の知事にまで上り詰めた山田長政が有名です。同じように、ルソンやプノンペンにも日本人町があり、相当数の日本人が活躍していたと思われます。しかし、一六三六年の鎖国令で朱印船は廃止され、各国の日本人は徐々に消滅し、日本人町も姿を消します。ただし、ホイアンには、朱印船の時代に日本人が建設したとされる来遠橋が残っています。その後橋の上にはお寺が建てれカウ寺と呼ばれるようになります。カウ寺は、現在のベトナムの二万ドン紙幣の裏側に印刷されています。一七世紀の日本人の営みは、今もベトナムで確かに生き残っています。

朱印船は、冬の季節風に乗って日本から東南アジアへと向かい、初夏の季節風に乗って東南アジアから日本へ戻るサイクルで運行されていました。航海には約四〇日を要していたようです。ベトナムのホイアンへは、毎年二隻の朱印船が派遣されていました。遣唐使以降倭冦まで様々な形で我が国の航海術は発展していたはずです。この時代には相当な外洋航海の知識は持っていたと推測できます。しかしながら、東シナ海から南シナ海へと航海する中で、突然の嵐に遭遇し、そう大きくはない帆船が方向性を失うことも多かったと思われます。そういった状況において、朱印船は沈没しない限りほとんどの場合、ベトナム中部かマラッカ海峡の港町に辿り着いたようです。ベトナムとマラッカは、地理的に東南アジアの大航海時代の交流の拠点となる条件を備えていました。

ベトナムは海洋国家ではありませんが、一五世紀に現在のベトナムの主要民族であるキン族によって滅ぼされたチャム族のチャンパ国は、ベトナムの中部、南部およびカンボジアにかけて勢力を誇った海洋王国でした。かつてチャンパは、倭冦と南シナ海の海上で覇権争いをしていたのかもしれません。そのチャンパ王国の首都がホイアンです。ホイアンはダナンから南へ二五キロメートルの距離にあり、現在は歴史的な町並みの残る小さな町です。朱印船時代のホイアンは大きな都市で、ダナンはホイアンの玄関口となる小さな町にすぎませんでした。

というのは、ホイアンには西に位置する山岳地帯からトッポン川が流れ込み、ホイアンで二手に分かれて一方は北へ進路をとってダナンに流れ込み、もう一方は東の南シナ海へと流れ込んでいました。ホイアンからダナンまでの川をコロ川と呼んでいました。朱印船は、このコロ川を通ってダナンからホイアンへ入ったのです。現在コロ川は、川砂で埋まってしまい名残の湖がいくつか残っているだけです。コロ川の消滅によりホイアンは孤立し成長を止めてしまいます。一方でダナンは、港町として成長し現在に至っています。

朱印船での貿易品目は、主に我が国から銅が輸出されベトナムから沈香が輸入されました。銅は銀と並んで当時の我が国の代表的な輸出品目です。ベトナムでは銅を貨幣として鋳造し流通させていたようです。朱印船が廃止された後もオランダ船によって銅と寛永通宝が一七世紀を通して輸出され続けます。現在のベトナムの通貨は「ドン」ですが、ドンの意味は銅です。一七世紀に我が国から輸出された銅がベトナムの通貨になり、現在の通貨ドンへと引き継がれています。

ベトナムから輸入した沈香は、香木の中でも最高級とされる伽羅が大半です。伽羅は、ジンチョウゲ科アクイラリア属の特別な木の樹幹が腐朽した際、真菌類というバクテリアが繁殖しそこに樹液が集積し長い年月をかけて凝固してできる貴重な香木です。ベトナムにおける伽羅の原産

■カウ寺

地は、ベトナムとラオス、カンボジアの国境地帯を南北に走るチュオンソン山脈の南側の中部高原地帯にあるコントム、ザライ、ダクラク、ダクノン、ランドンという五省です。ここには、少数山岳民族が住み伽羅の採取は、現在でも彼らのノウハウなしにはなし得ない難しいことのようです。我が国に輸入された伽羅は、江戸の芝居小屋や遊郭で焚かれ、江戸庶民にとっては魅惑の世界への入り口を意味する香りとなっていきます。

朱印船貿易では、我が国から鉄砲や刀といった武器の輸出も行われていました。当時のベトナムが北の鄭（チン）氏と中部の阮（グエン）氏との対立構造にあることを見越して、京都の商人角倉氏が鄭（チン）氏へ武器を輸出し、京都の商人茶屋氏が中部の阮（グエン）氏に武器を輸出しています。現代の武器商人のように当時の京都の商人は、抜け目のない商売を行っていたことが伺えます。

一六三六年に鎖国令が出され朱印船貿易が廃止された後は、オランダ船が長崎や平戸を窓口にしてベトナムとの交易を継続します。銅と寛永通宝は引き続き輸出され続け、ベトナムからは伽羅に加えて生糸が輸入されます。江戸では、ベトナム産の生糸で織られた着物を身にまとい、伽羅の香りに誘われて芝居小屋や遊郭に足を運ぶライフスタイルが形成されていきます。江戸の成熟した文化は、ベトナムとの交易なくして成立しなかったと言えるかもしれません。

一七世紀以降、我が国と東南アジアは、密接な相互関係を持ち続けてきました。中でもベトナムは、貿易を通して深い関係を築きながら歴史を積み重ねてきた間柄の国なのです。

テト攻勢とテト祝賀

ベトナム語で旧正月を意味するテト（ｔｅｔ、節）という言葉は、学生の頃から知っていました。なぜかというと、一九六八年一月三〇日夜から始まったテト攻勢のニュースを繰り返し見ていたからだと思います。特に、当時の南ベトナム政府の高官が、テト攻勢の報復のため路上で南ベトナム解放戦線（ベトコン）の将校をピストルで射殺する凄惨な映像が今でも記憶に鮮明に残っています。同じベトナム人が冷徹に殺し合う不可思議さも記憶を深く沈殿させる要素だったのかもしれません。

長い戦争状態の中でテトの期間は、休戦になるのが暗黙の紳士協定になっていました。ところが一九六八年は、北ベトナム人民軍とベトコンが紳士協定を打ち破り、サイゴン、ミト、カントーの南部都市ばかりでなく中部のフエ、ダナンで一斉に戦闘を始めたのがテト攻勢です。不意をつかれたアメリカ軍と南ベトナム政府は、一時劣勢に立たされ、サイゴンのアメリカ大使館はベトコンに占拠される事態に陥ります。密林だけではなく都市部でも神出鬼没に活動するベトコンの恐怖を明確に示した戦いでもありました。

その後、アメリカ軍は、サイゴンのチョロン地区、フエ、ミト、カントーの都市部で無差別空爆を行い、攻勢を強めて失地を回復し、結局テト攻勢の戦闘は、アメリカ軍と南ベトナム政府が勝利することになります。しかしながらテト攻勢は、アメリカ軍の戦死者六三二八人、北ベトナム人民軍とベトコンの戦死者三二〇〇〇人という犠牲者を出しただけでなく、アメリカ軍と南ベトナム政府に大きな心理的打撃を与えました。

当時のアメリカ大統領リンドン・ジョンソンは、ベトナム戦争の早期終結を公約に二期目の大統領選挙の準備をしていました。ところが、テト攻勢によってアメリカ軍の拠点であるサイゴン周辺でもベトコンの攻撃は有効に機能し、一方でアメリカ軍による都市部への無差別空爆の様子は毎日のTVニュースで報道されました。発表されているベトコンの戦死者三二〇〇〇人の中には、無差別空爆で命を落とした一般市民が数多く含まれていると容易に想像できる映像でした。

無差別空爆の非人道性や北ベトナム人民軍、ベトコンの底力は、アメリカ国民にベトナム戦争の非正当性とその長期化を確信させるに十分な証拠になりました。そしてついにジョンソン大統領は、大統領選挙への出馬を取りやめる事態に至ります。世界に君臨するアメリカの大統領が、アジアの小国ベトナムに手を焼き、それが原因で大統領の地位さえ失うことは、驚愕すべき出来事でした。その後アメリカでは、ベトナム戦争に対する厭世感が急速に広がります。反戦運動や徴役拒否が活発化し、一九七五年の終戦まで二度とアメリカの戦争への戦意が高まることはありませんでした。結果から見るとテト攻勢は、北ベトナム人民軍とベトコンの勝利を導き出すターニングポイントのひとつだったと言うことができます。

テトは新年を祝う年中行事で、ほとんどの人が故郷に帰ります。そして、我が国と同じような習慣がベトナムにも根付いているようです。例えば、新年を迎えるために家中を掃除し、仏壇を入念に飾り付けします。さらに、家族や近所の人たちとお寺やディン（祖先を祀った廟）の掃除を行い、飾り付けもするようです。ちょうど寒い冬から春に移行しようとしているベトナム北部では、新芽が出ている木の枝を採り家の飾り付けに使います。新芽に新年の開運と健康を願う習わしのようです。

新年を迎えると子供たちは、親やお年寄りに感謝の心を表し長寿を祝い、一方で親は子供たちに小額のお金を渡して祝う習慣のようです。テトは、普段お世話になっている人たちへの感謝を表す良い機会とも捉えています。親、先生、上司などにプレゼントを送る人も多いと聞きます。また、腕におぼえのある人は、伝統的なベトナム詩を吟じながら新年を祝うようです。漢字やチュノムといった表意文字を使わなくなり、アルファベット表記のクオックグーだけを使うようになったベトナム語は、表音文字としての性格をより一層強めています。筆者はベトナム語の音を聞き分けられないので残念ですが、恐らく朗々と吟じられる詩の音色は、厳かな新年を迎える情感を高めてくれるものに違いありません。

中国や台湾の春節においては、爆竹を鳴らして華やかに新年を祝っていますが、ベトナムでは一九九五年に爆竹が禁止され、新年の午前〇時に行政が行う花火が爆竹替わりになっているようです。また、街全体が花で飾り付けられます。北部はピンク色の桃の花、南部はホアヤイと呼ばれる赤や黄色い花が主役です。街の大きな公園では、盆栽、植木市が立ち、賑わいます。盆栽や鉢植えの花も新年の飾り付けの一翼を担っているようです。

それから、我が国のお正月に餅が欠かせないように、ベトナムにもテトに欠かせない食べ物、バインチュンがあります。テトの間、家族水いらずで過ごすためには、炊事に煩わされない保存食が必要です。もち米料理であるバインチュンは、中心に豚肉、その回りに緑豆のペースト、その外側にもち米の層をつくり、さらにラーゾンという植物の葉で幾重にも包み、約一〇時間ゆでた食べ物です。一カ月近くは保存かきくそうです。バインチュンをゆでる大きな鍋を、家族や近所の人たちと囲むのがテトを準備するベトナムの原風景だったようですが、我が国でもちはつくものではなく買うものに変わったように、ベトナムにおいても最近では、バインチュンは店で買うものに変わってきているようです。

知り合いのベトナム人に尋ねると、テトは一年で一番大切な日なのだから親元や故郷に帰って家族や親戚と過ごす、と異口同音に答えが返ってきます。一方で私たちは、お正月になれば「高級なおせちを食べなければ」「休みを利用して旅行に行かなければ」というように「しなければ症候群」に陥っています。すっかり消費社会に埋没し、薄っぺらな豊かさに踊らされているようで虚しさを感じます。むしろ、テトになれば故郷へ帰って家族と過ごす、と自然に考えられるベトナムの人たちの心に豊かさを感じます。家族全員で健康に新しい年を迎えられることは、理屈抜きでおめでたいことです。こんなごく当たり前のことを、ベトナムのテトは再認識させてくれます。私たち日本人がベトナムから学ぶべきことは、まだまだたくさんありそうです。

ベトナムのラストエンペラー

ラストエンペラーと言えば、ハリウッドで映画化された中国清朝の一二代皇帝「溥儀」を思い起こす方が多いと思います。溥儀は我が国と関わりの深い人でした。我が国での潜伏生活も長く、日本軍に担ぎ出され、傀儡としての満州国皇帝の座にも就きました。日本、中国の政治的思惑に翻弄された薄幸のラストエンペラーという印象があります。

では、ベトナムのラストエンペラーは、我が国との関わりの中でどういう人生を歩んだ人なのでしょうか。ベトナムのラストエンペラーは、グエン（阮）朝の直系長男の血を引くクオン・デ（彊柢）です。彼が生まれた時（一八八二年）には、既にフランスによるベトナムの植民地支配が始まろうとしており、彼が成人する頃にはフランスの圧政に対するベトナムの人びとの怨念は相当に高まっていました。

グエン朝は、ベトナム中部の都市フエを拠点に北部トンキン（東京）、中部アンナン（安南）、南部コーチシナ（交趾支那）を一八〇二年に統一しています。その後、一八八三年からはフランス領インドシナとして実質的なフランスの植民地支配の下に置かれ、一九四〇年から一九四五年までは我が国の統治下に置かれることになります。しかしながら、傀儡とはいえグエン朝直系の皇帝が支配する体裁を継続し、一九四五年にホー・チ・ミンが「ベトナム民主共和国」を宣言するまで続いたベトナム最後の王朝です。

一九世紀から二〇世紀にかけてヨーロッパの大国による帝国主義はアジアの国々を苦しめていました。そんな中、我が国は日清、日露戦争に勝利し、アジア諸国の希望の星でした。フランスの圧政からの脱却と独立をめざしてベトナムではドンズー（東遊）運動が起こります。日本を見習いながら国力を高めようという一種の民族運動です。日露戦争の後、三〇〇名を超えるベトナムの若者が我が国に留学しています。クオン・デ（彊柢）も一九〇六年、妻子をフエに残したまま我が国の地を踏むことになります。それから半世紀にわたり、我が国でベトナムの実質的な独立をめざした闘いを続けます。しかし残念ながら、一九五一年に死亡するまで母国ベトナムに帰ることはありませんでした。一九四五年に我が国が無条件降伏し、我が国のベトナム支配が終わり同時にグエン朝も終焉を迎えます。クオン・デ（彊柢）は、その一部始終を我が国で為す術もなく傍観するしかなかったのです。全く皮肉な歴史です。

クオン・デ（彊柢）は、我が国での四四年間の潜伏生活の中で、大隈重信、犬養毅といった大物政治家、北一輝、大杉栄などの革命分子、さらには当時のベトナムで事業を成功させた大南公司の松下光廣といった錚々たる人たちの支援を受け、ベトナムの復国をめざしていました。激動する世界情勢に国ごと飲み込まれそうな厳しい時代においても、我が国とベトナムがアジアの一員として協力し合った歴史的事実に感動を覚えるのは筆者だけではないはずです。

クオン・デ（彊柢）の臨終の言葉は、「兄弟同士の戦争はやめること」でした。その後二五年にわたり続いたインドシナ戦争、ベトナム戦争という悲惨な歴史を思うとき、その言葉の重さに愕然とします。一九七五年にベトナム戦争が終結し、ベトナムは社会主義国として再出発します。

当然以前の王朝の歴史は表舞台から消えています。クオン・デ（彊柢）は現在、フエの郊外にひっそりと葬られており、当分の間、クオン・デ（彊柢）の歴史的な役割が取り上げられることもないと思います。しかし、いずれ彼の行動が見直され、日本との関係にも脚光が当たる時代がくるかもしれません。ベトナムのラストエンペラーの名は、記憶に止めておくべき価値があると思います。

ベトナムは、過去に二度我が国に対して本気で支援や援助を求めたことがありました。しかし、その都度我が国は、様々な事情があったにしろベトナムの期待を裏切ってきた歴史があります。

一度目は、一九世紀末から二〇世紀始めにかけて、アジアの小国日本が大国である中国（日清戦争一八九四年～一八九五年）、ロシア（日露戦争一九〇四年～一九〇五年）に勝利し、アジア諸国に帝国主義打倒の希望の光を与えた時期です。一八八三年からフランスの植民地と化したベトナムは、フランスの圧政からの脱却をめざし日本を見習うドンズー（東遊）運動を起こします。

我が国に来日したベトナムの若者の大志は、大国を打倒した日本に学ぶと同時に、フランス打倒の支援を我が国に要望することでした。ところが当時の日本政府は、帝国主義国家間のパワーバランスにだけ関心があり、ベトナムの若者の要望を無視します。若者たちの期待は見事に裏切られ、ドンズー（東遊）運動はあっという間に雲散霧消してしまいます。その後、クオン・デ（彊柢）は、犬養毅などの政治家、北一輝などの革命分子や市井の企業家などの支援を受けながら我が国でフランス打倒の活動を続けますが、志半ばで一九五一年に我が国で亡くなります。

二度目は、一九四〇年日本軍がベトナムを統治下においた時です。日本軍の軍事的狙いは、蒋介石率いる中国国民党に対する南方からの補給路を断ち、中国大陸での戦況の打開を図ることでした。一方でベトナムは、我が国の進出および統治は、長年続いてきたフランスの圧政の転覆を企てる絶好の機会と捉えていたようです。ところがここでもまた我が国は、ベトナムの切なる願いを無視することになります。

日中戦争に手を焼き、アメリカなどからの圧力により経済的苦境に立っていた我が国にとって、ベトナムにおいてフランスと事を構える程の余裕はなかったのが実情だと推測できます。しかしながら結果として、日本軍によるフランスの打倒というベトナムの期待は裏切られることになったのです。

また、日本軍によるベトナム統治の終期（一九四四年から一九四五年）には、北部と中部を中心に二〇〇万人と言われる餓死者を出す事態を招いています。原因は、気候変動による大雨、洪水、厳しい寒さによる冷害、爆撃による米移送路の寸断、日本軍の強制的な食料徴収、水田の軍事麻袋用のジュート畑への転作、華僑による米の買い占めなど、いろいろな要因が複合的に関連していると考えられます。とはいえ、ベトナムの期待に対して我が国が応えてこなかったばかりか、大変な犠牲をベトナムの人々に強いてきたのは歴史的事実です。

そして現在、ベトナムは我が国に対して、三度目の期待を寄せています。それは、モノづくりの基盤となる裾野産業（アセンブリ産業を支える部品、プロセス産業）確立の支援です。ベトナム政府は、将来の産業発展の柱として機械製造、電子情報、自動車組立、縫製、皮革、先端技術を位置づけています。こうした中軸産業の基盤である裾野産業育成のパートナーとして我が国のモノづくり企業に大きな期待を持っています。幸いにしてこれまでの期待と異なり今回は、政治的思惑にあまり左右されることなく民間レベルで対応可能です。さらに、日本国内でのモノづくりに閉塞感を抱いているモノづくり企業にとっては、海外進出の機会獲得という意味で渡りに船と言えます。我が国とベトナムの相互発展のためにも、是非実現していきたいテーマです。というよりも、我が国のモノづくり中小企業のサバイバル策として、是が非でも実態化すべきテーマと言い換えることができそうです。

二度あることは三度ある、という愚かをおかさないように、今回こそベトナムの期待に沿った確実な結果が求められています。今回の期待も過去二度の裏切りと同じ結果に終われば、私たちは東南アジアの貴重なパートナーを永遠に失うことになりかねません。

第三章

ベトナムとモノづくり

心情的共感

海外の事業展開において、人と人の信頼関係は、互いの違いを認め合うことと互いの同質性を認め合うこと、この二つの要素から形成されます。前者はどちらかというと、公私を明確に区分しビジネスライクな付き合いの中で生まれます。一方後者は、人として全人格的なものを丸抱えで引き受けた時に生まれやすくなります。我が国の中小モノづくり企業においては、経営者と社員が全人格を丸抱えで認め合いながら企業運営を行っている場合が大半です。また、それが成功の要因でもあります。海外に出たからといって、突然にビジネスライクな信頼関係を築けるはずはありません。海外展開においては、互いの同質性を認め合うことのできる人や国を選択することが得策になります。

つまり、中小モノづくり企業は、同質性を認め合える可能性の高い国へ進出することを優先すべきです。言葉を換えると、心情的共感を大切にするということであり、海外事業展開の重点戦略の一つとして心情的共感を位置づける必要があります。

これから詳しく述べることになりますが、ベトナムと我が国には数多くの類似点があり、互いに同質性を認め合う付き合い方ができ、ベトナムにおいては心情的共感および長期的な信頼関係形成が可能だと考えます。

第二次世界大戦中の一九四〇年から一九四五年まで、日本軍はベトナムに進駐していました。この間にベトナムはひどい干ばつに襲われ、食料を日本軍に優先的に供給した煽りを受けて食料不足に陥り、約二〇〇万人が餓死した、とベトナムの教科書に記述されています。しかし、この時の恨みを声高に日本人へ問いかけてくるベトナム人はほとんど見たことがありません。第二次世界大戦では私たち日本人も、原爆や空爆によって、数多くの悲惨な犠牲者を出しています。しかし、原爆を投下したアメリカ人に対して、多くの日本人は心の中に様々な思いを抱きながらもその時の恨みなど口にしません。むしろアメリカ人の良さを認め、未来のより良い関係構築に心を砕いてきました。日本人がアメリカ人に抱くのと同じような心情を、ベトナムの人たちは日本人に対して持っていると考えられます。

モノづくり企業の海外事業展開と言えば、低コスト構造を利用した開発途上国への進出と通り相場は決まっていました。中小モノづくり企業も同じ戦略を取ってきました。しかしながら今後は、我が国と進出先国が相互に発展する海外事業展開をめざさなければなりません。

経済指標や統計数字に基づいた海外戦略は、グローバルに事業を展開する大企業にふさわしいものです。さらに、成功し続けるのはほんの一握りの大企業にすぎないのではないでしょうか。中小モノづくり企業が、経済環境変化に合わせて次々に進出先を転換していくことなどできません。また、短期間にモノづくりの体制を整え、利益を稼ぎ出すことも難しいのが実情です。逆に、じっくりと腰を据えて、長期的な信頼関係を築きながらモノづくりの体制を整備することが、中小モノづくり企業のあるべき姿に違いありません。

心情的共感を大切にし、相互発展をめざしてモノづくりに励むからこそ、中小モノづくり企業によるグローバルなモノづくりネットワークは実現していくと確信しています。

◉家族の助け合い

我が国においては、第二次世界大戦後の昭和二〇年代に生まれた人たちを団塊の世代と呼びます。この間に誕生した人の数も多く、我が国の一大勢力を形成しています。ベトナム戦争の終結は一九七五年、三五年以上が経過しています。我が国と同じようにベトナムにおいても平和は新しい命を数多く誕生させました。人口約九〇〇〇万人の内三〇歳以下の若年人口比率が高い若い国を形成しています。まさにベトナム戦争の後に生まれたベトナム版団塊の世代が勢力を持とうとしています。さらに、人口の多い若い世代がこれからちょうど結婚、出産の時期に差しかかっており、今後も人口の増加が見込まれ、一億人を突破するのは確実です。近い将来、ベトナムは我が国より人口の多い国になっていきます。

物心ついた時にはドイモイ政策（一九八六年から）により自由な経済と経済成長を手にしてき

た若い世代と、戦争と暴力に明け暮れた経験を持つ古い世代では大きな意識の相違があると推測できます。しかしながら、市場経済への適用力を備えた若い世代があればこそ、ここにきての長年にわたる経済成長を実現できたのです。少なからず世代間の抗争はあるにしろ、これからも若い世代がグローバル化に対応しながら経済発展をリードし、新しい国を構築していくのがベトナムという国なのです。

家族単位で見ると、ベトナム人は家族を大切にし、家族で協力し合いながら生活しているように見えます。農村部では現在も何世代かが同居する大家族が普通であり、都市部でも親子が同居している家族が多いようです。都市部では夫婦で働きに出て、息子も働くというように、働き手全員の収入の合算で生計を立てている家庭も多いようです。二輪車という耐久消費財が三〇〇万台市場へと成長したのも、合算した収入によって購買力を付けた典型的な一例です。若い世代も急激に家族に対する考え方を大きく変えるとは思えません。

ベトナムにおいては、助け合い、分かち合うことが生活の底辺を流れる哲学です。家庭や会社でも部屋の片隅に小さな仏壇のようなものが置かれ、花が供えられています。恐らく仏教の慈悲や思いやりの心、道教と結びついたベトナム独特のアミニズム信仰が浸透しているのだと推測できます。この点では、仏教的な哲学思想やアミニズムになじみの深い日本人にとっても共感できる文化がそこにあります。

◉反中国の国民感情

現政府の基本政策は、党や国家に批判的な活動や勢力には厳しく統制を働かせて政治的な安定を図りつつ、外国資本導入や企業誘致により経済発展を追求するものです。したがって、日本企業を含めた外国企業に対して優遇措置を取るのは当然の帰結です。現在ベトナムへ進出している外国企業が、政治的、経済的な面で不自由を感じることはそれほどないと推測できます。

ホーチミンなどの大都市を訪れると、携帯電話の普及に驚かされます。また、宿泊するほとんどのホテルでインターネットは通常通り使用でき、情報メディアの発展はベトナムでも急激に進んでおり、情報流通の活発化によって政治的な民主化は徐々に進展していくと思われます。

民衆が共産党一党独裁体制にただ甘んじているかというと、そうでもないようです。中部高原地域のボーキサイト権益の中国への供与問題や北部森林の中国への貸与問題では、知識人や元軍人が反対の声を上げ、政治的弾圧を受けながらもインターネットや小冊子で、反対運動を展開しています。

これらの問題は、中国政府との密約への憤りという側面と反中国ナショナリズムという側面があります。前者は民主的な政治プロセスへの要望が顕在化したものと言えます。後者は、歴史的に紛争を繰り返してきた中国に対するベトナム国民の怨念（国民感情）の現れということもできます。ベトナム戦争終結後中国は、ベトナムに対して積極的な投資を行っていますが、意図したほどのプレゼンスの高まりはありません。その理由のひとつに反中国ナショナリズムを上げることが可能です。大国である中国とどう付き合っていくかは、政治面だけでなく経済面でも今後のベトナムの重要な懸案です。

見方を変えると、中国と隣接する我が国も同様の問題意識を共有しています。だからこそ、対中国という視点でも我が国とベトナムの政治的、経済的な連携強化の可能性が広がります。

◉人口ボーナス

発展途上国の経済発展を説明する際に、人口ボーナスという考え方を用いることがあります。人口ボーナスとは、出生率の伸びが落ち着き、生産年齢人口（一五歳～六五歳）が増加すると、まず労働投下量が増し、経済を後押しし産業の振興に結びつくという見方です。次に労働で得た賃金の貯蓄量が増し、生産設備や社会インフラへの投資が伸び、経済成長を支えます。そして、数が減少した子供への教育投資が増し、教育水準の向上でさらに生産性向上や経済発展を呼び込む、という考え方です。

我が国は、二〇世紀後半に人口ボーナス効果は消滅しています。既に高齢化への道を全速力で歩んでいます。我が国の後を追ってくる国々は、中国、韓国、台湾、タイで、恐らく二〇一五年

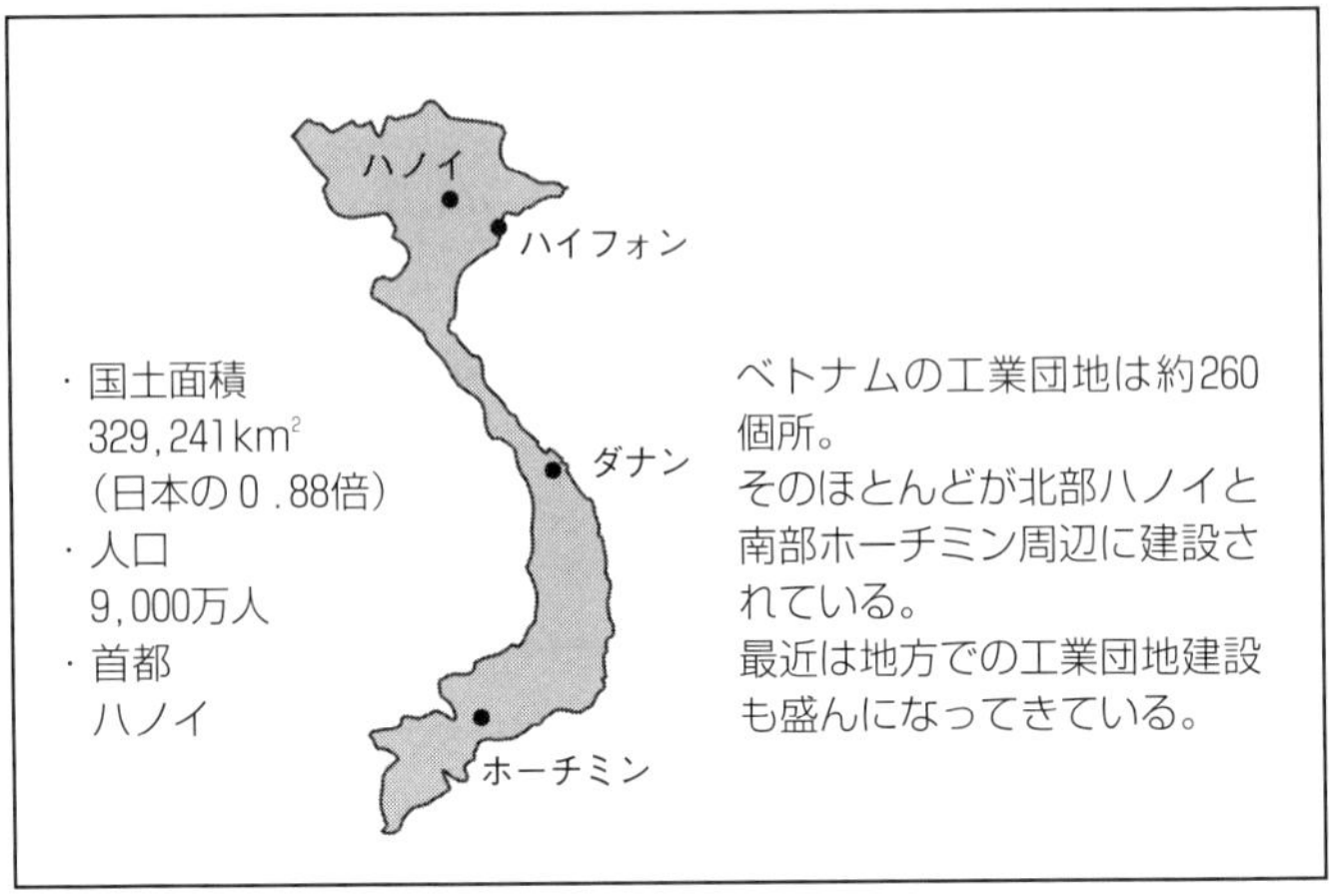
ハノイ
ハイフォン
ダナン
ホーチミン
・国土面積
329,241km²
(日本の0.88倍)
・人口
9,000万人
・首都
ハノイ
ベトナムの工業団地は約260個所。
そのほとんどが北部ハノイと南部ホーチミン周辺に建設されている。
最近は地方での工業団地建設も盛んになってきている。

■ベトナムの国土

頃までに人口ボーナス効果は消滅し、高齢化への傾向が出てくると推測されます。こうした状況を踏まえて、中国は、高齢化社会を阻止するため、二〇一一年に一人っ子政策の一部見直しを発表しています。

一方ベトナムは、現在人口ボーナスを享受中です。生産年齢人口は、全人口の八〇%を超えています。この傾向は、あと一〇年から一五年間続くものと予測されています。フィリピン、インドネシア、インドは、ベトナム以上に人口ボーナス効果が長期間続くと予測されていますが、ベトナムもまだ暫くは効果を享受できる立場にあり、中国、韓国、台湾、タイといった国々をキャッチアップする可能性を秘めています。

また現在のベトナムにおいて、最も人口構成比の大きい世代は、一五歳～三〇歳です。これから三〇

〜四〇年間モノづくりに専心してくれる潜在的な労働力が存在しているということを意味します。この点からいっても、ベトナムはモノづくりの地としての魅力が大きいはずです。

メンタリティ、国民感情、人口構成からベトナムを見ると、日本人として共感できる精神構造をベトナム人は持っており、国民感情も十分に理解できます。さらに、若い労働力が豊富で、モノづくりの熟成が可能な国です。したがってベトナムは、中小モノづくり企業の海外展開において、長期的な信頼関係構築の可能性の高い国に違いないのです。

着実な経済成長とひずみ

ドイモイ政策（計画経済から市場経済への転換）が実施された一九八六年以降、様々な世界経済の変動があったにもかかわらず、ベトナム経済のマイナス成長はありません。着実に経済成長を達成してきています。一九八〇年代の経済成長率の平均は五・〇三%、一九九〇年代は七・〇四%、二〇〇〇年代は七・二〇%です。

二〇〇〇年代の中国の経済成長率は一〇・四%、それには及ばないもののタイの四・四%という経済成長率と比較しても着実な成長を知ることができます。現在までの推移を見ると、二〇二〇年までに一人当たりGDPが約四倍のタイと対等の工業国家になり、国民一人当たりの収入を一〇〇〇USドルから三〇〇〇USドルに引き上げるという国家目標の達成も絵空事には見えません。経済成長に関してベトナムは、ASEAN諸国の中でも優等生です。

経済成長を支える産業インフラ整備も進んでいます。既に多くの日本企業が進出している大規模工業団地は、タンロン工業団地（ハノイ）、野村ハイフォン工業団地（ハイフォン）、ホアンカイン工業団地（ダナン）、ビエンホア工業団地（ドンナイ省）、ベトナム・シンガポール工業団地（ビンズン省）、タントゥアン工業団地（ホーチミン）などがあります。この他にも、ハノイとホーチミン周辺で、我が国の大手商社などが工業団地の造成を急ピッチで進めています。またベトナム政府は、ハイテク分野の外資企業誘致を積極的に進め、ホーチミン、ホアラック、ダナンなどにハイテク工業団地の整備を行っています。

港湾に関しても、ASEANの港湾ハブをめざしてホーチミンを中心に急速な整備が進んでいます。ほぼ完成に近づいたカイメップ・チーバイ港は、地理的にも東南アジアのハブ港として発展する可能性を秘めています。また、ホーチミン郊外のロンタンにおける国際空港建設計画も策定されています。急増する電力需要に対応するため原子力発電所の建設も計画化され、ベトナム最初の本格的原発四基のうち二基は、我が国の企業連合が受注しています。原子力への疑念が膨らんでいますが、ベトナム政府は、電力確保のため二〇三〇年までに一四基の原発の建設と稼働を打ち出しています。合わせて、将来的な電力の安定供給のために水力発電所や火力発電所の建設計画も数多く策定されています。

現在ベトナムには、一八〇〇社を超える日本企業が進出しています。三井住友銀行、東京三菱銀行といった金融機関やコンビニのファミリーマートなども既に進出を果たしています。高島屋やイオングループもデパートやショッピングセンターの建設を行っています。進出企業のうち製造業は、約半分の九〇〇社以上を占めていいます。

ただし、モノづくりにおいてベトナムの中心は組立て・加工であり、かつ部品の自国での調達率は極めて低い状況にあります。国内調達率は、たった数%と言われています。政府は、二〇〇七年にWTOへ加入して輸出産業育成に力を入れ、FTP（自由貿易協定）やTPP（環太平洋経済連携協定）へも積極的な姿勢を見せていますが、必ずしも輸出産業は育っていません。モノづくり基盤の未整備が政府の思惑を阻止している状況にあります。部品の国内調達率向上などモノづくり基盤の整備はベトナムの最重要課題であり、モノづくりの成長のために我が国の中小モノづくり企業が協力、支援できることは数多くあります。

◉経済のひずみ

ベトナムの貿易収支は、**表**にあるように年一〇〇億USドルを超える赤字が続いています。根本的な問題は、モノづくりの材料や部品をほとんど外国からの輸入に頼っていることです。極論

■ベトナムの貿易収支

単位：US ドル　　ベトナム投資省資料より抜粋

内訳＼年度	2007	2008	2009	2010	2011
輸出高	484億	629億	571億	720億	780億
輸入高	608億	804億	699億	843億	864億
貿易収支	▲124億	▲175億	▲128億	▲123億	▲84億

すると、組立製造業の生産規模は拡大していますが、輸入した部品を組み立てる手間賃だけの収益しか上げられず、モノづくりで付加価値を生み出していません。ひずみを抱えたまま経済成長を続けているという評価もできます。

ベトナムの輸出品目は、第一位が繊維製品、第二位は履物、第三位は水産品、第四位は原油です。一方輸入品目は、第一位が機械設備・部品、第二位は鉄鋼、第三位は石油、第四位は布地、となっており、材料と部品を輸入し、それを組み立てるだけの産業構造が端的に表れています。

特に石油に関しては、産出国にもかかわらず原油を輸出し、石油を輸入するという不思議な状況が生まれています。理由は単純で、国内に石油精製設備を保有していないためです。我が国の出光興産が石油精製プラントの建設を始めており、徐々に産業の基本的な基盤整備が進められています。

慢性的な貿易収支の赤字に対して、ベトナムは独特のやり繰りで対応しています。海外からベトナムに流れる金の三分の一はＯＤＡ、三分の一は外国の直接投資、三分の一は越僑と揶揄されるように、産業が創出した付加価値以外のところから調達した資金によって赤字の埋め合わせを行っています。越僑資金とは、ベトナム戦争の後、ボートピープルとして大量に出国した海外に住むベトナム人からの仕送りのことです。送金額は年八五億USドルに上ると言われています。こうした奇妙な状況が永続するはずもなく、一日も早い根本的なモノづくり基盤の整備が待たれます。

ベトナムの雇用環境

ベトナムには若くて豊富な労働力があります。ただし、現在ハノイ、ホーチミン周辺への海外のモノづくり企業の進出は急激で、労働力供給に若干の疑問を投げかける人も出てきています。理由が二つあります。第一は、ベトナムでは血縁、地縁のつながりが強く、学校を卒業後地元に残る人が多いため、大都市近郊の労働力が不足傾向になるという予測です。中国のように我先に沿岸部の発展する都市へ若者が殺到する現象は、ベトナムではまだ見られません。第二は、大都市の高学歴な若者が、製造業よりも金融、ＩＴ、サービス業などへの就職を望む傾向がより強まるという予測です。とはいえ、やりがいがあり、待遇が魅力的な企業にとっては、まだまだ豊富な労働力が存在しています。逆に言うと、単なる使い捨ての労働力というスタンスでは、役に立ちかつ長期間勤めてくれる人材を得ることはできない状況になりつつあります。

社会主義国であるベトナムでは、労働者の権利は法律で手厚く保護されています。労働争議（ストライキ）が認められ、外国企業であっても、従業員が一〇人以上の組織であれば労働組合を組織しなければなりません。実際の労働争議は、主に大手企業で発生しています。オルグを仕掛ける良からぬ輩に先導された労働争議も散見されますが、中小企業での発生は少なくなっています。多くの場合労働者との十分な話し合いと日常的な目配りで労働争議は回避されています。

労働者の最低賃金も政府が決めています。二〇一四年のロンドウック工業団地のあるドンナイ省の最低賃金は、月額二、七〇〇、〇〇〇ＶＮＤ。リーマン・ショック以降の高いインフレ率が影響し、賃金は上昇傾向にあります。

一方で、国民の休日は年間九日。一日八時間で六日間勤務、週四八時間が基本的な勤務時間です。残業手当は、平日で五割増、休日で三倍の規定があります。ベトナムでは、残業なし、休日出勤なしで勤務シフトを組むのが一般的です。

福利厚生の規定としては、次のようなものがあります。

・一年以上勤務した者には、一二日間の有給を支給
・慶弔休暇（二〜三日間）
・女性の育児休暇（四カ月）

政府は、雇用保険の充実を掲げており、雇用者、被雇用者双方に、雇用保険の支払いが義務づ

けられています。

・社会保険―雇用者給与の八％、被雇用者一八％
・健康保険―雇用者給与の一・五％、被雇用者三％
・失業保険―雇用者給与の一％、被雇用者一％

企業は、給与の他に給与の約二割に当たる保険料の支払いが必要になります。この他に、退職金も、会社都合の場合、一年ごとに一カ月分の給与に相当する退職金、最低二カ月を保証しなければならない規定です。

実際の労働者採用については、行政の人材支援センターや民間の人材紹介業が思いのほか整っています。また、入居する工業団地、特に日系の工業団地においては、工業団地運営会社が採用支援を行っており、中小モノづくり企業でも、人材採用に関してそれほど困難を感じない状況にあります。

独特の組み合わせ

日本製の商品は、様々な点から世界的に評価されています。中でも、商品の仕上がり・建付けやきめの細かいつくり込みは、評価点の高い特徴です。なぜ我が国のモノづくりはこういった特徴を備えることができたのでしょうか。

当然いろいろな要素が絡み合い、かつ長年の経験と学習の成果なのだろうと推測します。ただ、モノづくりの特徴は、モノづくりに直接関わりのある技術や技能だけから生成されるものではなく、関係する人間、背景にある文化や価値観、社会の仕組みなどからも影響を受けます。

私たち日本人は、神と仏を組み合わせて信仰の対象にしてしまいます。また衣食住で言えば、衣においては、色の濃淡と重ねる生地が絶妙に組みわされた十二単に美を感じ取ります。食では、食材の調理法だけではなく食材を盛り付ける器との組み合わせに食欲をそそられます。住においては、半永久的な形を最初から建築するのではなく、改築や建増しの組み合わせを当たり前と考えます。

ここから見えてくるのは、素材の質、形、色合いなどの巧みな組み合わせです。そこに特有のバランスを見いだす考え方、組み合わせの妙と言えます。一見不釣り合いに見えるものでも、組み合わせの工夫で美しく変身させ、ありふれたもの同士でも新たな組み合わせにより斬新さを導き出すことができます。組み合わせの妙を知っているからこそ、日本の商品は仕上がりや建付けが素晴らしく、きめの細かいつくり込みに魅力があるのだと考えます。

「組み合わせ」は日本のモノづくりの重要な特長です。誤解をおそれずに単純化すると、第一に材料の善し悪しを判断する目利き力を発揮して的確な材料をそろえる。第二に、そろえた材料を最善の方法で合わせる。第三に、合わせた部品をさらに重ねながら高度化する。つまり、「そろえ」「合わせ」「重ね」によって「組み合わせの妙」をつくり出すのが、日本のモノづくりです。

昨今、何万点もの部品から構成される自動車産業において、素材メーカーや部品メーカーとセットメーカーとの擦り合わせ力が日本の自動車産業の強みだという議論がありますが、これは、「組み合わせの妙」を「擦り合わせ力」という言葉で置き換えた理解ではないでしょうか。

では次に、身近な題材から「そろえ」「合わせ」「重ね」という視点でベトナムのモノづくりについて考えます。

まず初めに民族衣装として有名なアオザイ。アオザイは、一八世紀中部のフエに都をおいたグエン（阮）朝が、宮廷の制服として取り入れたのが始まりだと言われています。アオザイは、腰に切り込みが入った足元まである長い上着とゆったりとしたパンタロンの組み合わせです。鮮やかな白や赤のアオザイの集団と街中で遭遇すると目を奪われます。実に清楚で美しいものです。素材は、絹、モスリン、ポリエステルなどが主体です。街のアオザイ店に入ると、生地の多様さに圧倒されます。上着に施される刺繍も千差万別です。人気店になるには、多様な生地と刺繍をそろえ、好みに合わせて色および刺繍の組み合わせを的確に提案し、購入者の体に合致した仕立てが必要になります。アオザイの仕立てにおいては、非常にシンプルな形で「そろえ」「合わせ」「重ね」が重要なポイントになっています。

次にベトナムの料理です。麺類と鍋の種類の多さには驚きます。一度や二度の訪問ではとても区別できません。麺類は、米、小麦、豆などからなる麺が豊富で、スープも牛、鶏、魚介、魚醤（ニョクマム）と多様です。さらに、合わせる具材としての野菜も数多くあります。鍋もまた、麺類と同様にスープに合わせる食材も実に多様です。種類が多すぎて以前に食べた鍋をレストランで間違いなく注文するのは至難の業です。ベトナム料理は、まず多彩な食材をそろえ、食材とスープの的確な合わせをつくり出し、魚醤、唐辛子、香辛料といった調味料を重ねて最高の味をつくるところに醍醐味があります。まさにベトナムの料理においても、「そろえ」「合わせ」「重ね」が重要なポイントになっています。

三番目はベトナムの建築物。ホーチミンの市内や郊外を車で走っていると、見慣れた雰囲気の仏教寺院があり、そのすぐ近くにはヒンズー教のアンコールワットを思い起こさせるような寺院もあります。ゴシック風のキリスト教会も目にします。また住居は、レンガ造りが大半で、同じような家が並んでいますが、古い街並に新しい住居が重なるように建っている光景も珍しくありません。計画され整然と立ち並ぶ欧米の建築物とは明らかに違っています。一人一人が思い思いに建て替えや増改築を行うために雑然とした街並になっています。夕食時には家の前の路上が台所になり、路上散髪屋も多く見かけます。ベトナムには、雑然とした日常の中に自由な組み合わせがあふれています。

アオザイ、料理、建築物の例からも推測できるように、モノづくりの組み合わせという視点から見ると、ベトナムは歴史的に「そろえ」「合わせ」「重ね」について創意工夫を積み重ねてきています。その意味では日本と類似点も多いと言えます。

筆者のベトナムでの経験をいくつか紹介します。

休日にホーチミンの統一会堂（旧大統領府）へ行く機会がありました。駐車場には朝からたくさんの観光バスが止まり、入り口は人でごった返していました。やっとの思いで中に入り、一階の講堂に着くと、白色のシャツを着た中学生とおぼしき子供たちが整然と席につき、説明を聞いていました。まるで我が国の観光地で修学旅行生に遭遇したような錯覚に襲われました。生徒たちは、実におとなしく、行儀よく行動していました。

ホーチミンやハノイといった大都市の朝夕の通勤時間は、二輪車があふれ返り、まさに二輪車の洪水です。二輪車同士の間隔は、僅か一〇センチほど。しかも相当のスピードを出して走っています。運転している人を観察すると、結構目が血走って興奮しているように見えますが、我先にと流れを乱すような運転をする人はいません。無茶な運転は事故を誘発することを皆よく知っているとこともありますが、むしろ集団の声なき意志に従って、秩序正しく運転しているように見えます。

ベトナムのレストランには、個室でアオザイを着た女性が給仕をしてくれる所があり、注文した料理を各自の取り皿に取り分けてくれます。ビールもなくなればすぐについでくれます。最初は、せわしない接客だと思いました。がしかし、働く女性たちを見ていると、それぞれの客の食べるスピードに合わせ手分けして給仕し、いつも手頃な量が取り皿に盛られるように工夫していました。偶然かもしれませんが、ベトナムの給仕におけるチームワークはなかなか大したもので、感心させられました。

こうした経験から感じ取れることは、想定以上にベトナムの人たちは、集団行動をそつなくこなすことです。換言すると、秩序立った集団行動ができる人たちです。

モノづくりにおいては、仕事の単純化を進め、仕事を標準化し、仕事を分業するのが基本です。特に分業では、秩序立った集団行動が不可欠になります。私たち日本人は、秩序立った集団行動としての分業が得意だったからこそ、世界的にも競争力のあるモノづくり国家を造り上げてこられたのです。世界中を見渡すと、秩序立った集団行動がうまくできない国や民族がたくさんあります。恐らくそうした国や民族がモノづくりで競争力を高めることは難しいはずです。

ベトナム人は、文化的にも精神的にも秩序立った集団行動をうまくこなせる国民です。モノづくりにおいても、秩序立った集団行動としての分業を身に着け、競争力の高いモノづくりを実現する可能性を持っています。

ビジネスに反映されるエスプリ

内輪の論理による我が国企業の不祥事は後を絶たちません。「会社が大事」という帰属意識が、合理的な判断を鈍らせ、集団への自己犠牲に酔いしれながら公共性や社会性を忘れ、不正へと猪突猛進。気持ちはわかります。しかし、会社への強い帰属意識が招来する悲しい人間の性です。ベトナムでも同じような事例があります。ベトナムでは、まだ行政による許認可などで、賄賂が横行しています。これも、内輪の論理が原因だと推測できます。ベトナム人にとって行政組織はあくまで社(サ)が延長した運命共同体なのです。薄給に苦しむ仲間がいれば、賄賂を受け取り、それを均等に配分するのが正当な助け合いになります。賄賂を独り占めすると非難されますが、仲間と配分する場合、おとがめはないとのことです。まさに内輪の論理です。これらは、日本人とベトナム人それぞれのエスプリ(精神構造)が見事にビジネスへ反映された事例です。

現状、ほとんどのベトナム人は、会社組織に帰属意識を持っていません。就業時間が来たら仕事を止めてさっさと帰宅します。会社中心の働き方は根付いていません。だからといってベトナム人がドライな会社との関係を求めているわけではないのです。人間臭いウエットな関係にどっぷり浸かることに安心感を求めるのがベトナム人です。いかに会社への帰属意識を高めるか。これがベトナムにおけるマネジメントの鍵になります。

日本人と同様にベトナム人は、帰属集団に対して忠誠心を持って懸命に働き、集団の中で助け合う人たちです。時間を積み重ねながら会社が自分の所属すべき集団だという意識を形成できれば、ベトナム人を企業にとって重要な人材へ育成していくことも可能です。そのためには、第一にベトナム人社員と時間をかけて対話を重ねること、第二は、社員を信用し仕事を任せること、そして第三に、会社の行事を上手く利用すること、が重要になります。ベトナムの社(サ)では、春と秋にホイラン(村祭り)が行われ、闘鶏、豚競争、将棋、餅米ふかし競争などで楽しい時間を過ごします。日本の祭りや無礼講の宴会と同じで、ウエットな人間関係からの解放の大切な時間なのでしょう。社員旅行や食事会といった日本的な会社行事は、確実にベトナムで喜ばれます。こうした行事の実施が、人間関係のリセットと新たなリズムをつくり出してくれ、帰属意識の向上につながるからです。

ベトナム人は相手の属性をいろいろ質問するのが好きらしい。これは、帰属集団を重視する人の特性で、相手の属性を知ることによって、集団での上下関係や位置づけを確認するための無意識の行動です。こうした行動はビジネスの慣習にもなります。それは、なじみの商売です。初めての取引では、何度も会い、互いを知ることが重要になります。つまり、相手の属性を知り、帰属集団での位置づけを確定しないと、信頼感が生まれず、帰属集団が営むビジネスへの参加が認められません。「知り合いがいないとベトナムの商売は難しい」という人が多くいます。これは、なじみの商売が確立しないとビジネスは始まらないことを意味しています。

日本人が自分の会社に抱く忠誠心は、年功序列や終身雇用といった制度による時間の積み重ねが培ってきました。ベトナムも類似性が高く、日本的マネジメントが有効に働く可能性もあります。ベトナム人は、個人主義に基づく結果評価よりも仲間との共同作業によるプロセス評価の方を好むと考えられます。さらに、企業における全体最適という考え方もすぐに理解してくれるはずです。

したがって、ベトナム人のエスプリを理解した上で、自社が帰属集団になり得ることを、マネジメントを通して、ベトナム人に学んでもらうことが極めて重要になります。そして、日本企業の良さを習得したベトナム人は、生来のエスプリを発揮し、日本人以上に会社への愛着を持ったかけがえのない人材へと成長していくことが期待できます。

万葉仮名とチュノム（字喃）

長い間口語による意思疎通が日常であったわが国に大きな変革をもたらしものは、まぎれもなく中国からもたらされた漢字です。国としての体裁が整ってきた飛鳥時代には、公式文書や歴史の記述に文字の必要性が高まっていました。また、六世紀半ばに百済から伝来したとされる仏教や仏典も、我が国の人びとの文字への欲求を高めたと推測できます。

無文字社会からの決別のため、飛鳥時代から奈良時代にかけて我が国は偉大な発明を行います。「夜久毛多都　伊豆毛夜弊賀岐　都麻微迩」。これは、我が国の最初の和歌と言われる「八雲立つ出雲八重垣妻籠みに」の漢字による表記です。ヒトを「比登」、ハナを「波奈」と綴るのと同じ表記。つまり、日本語読みを漢字に当てはめる万葉仮名です。

万葉仮名の発明により、古事記、日本書紀という歴史書が後世に伝えられることになります。その後万葉仮名は日本語本来の意味を表す訓読みと中国語の発音を表す音読みを生み出し、さらに、紀貫之は漢字を日本語の発音に合わせ変形させる形で発明された平仮名を用いて土佐日記を書いています。また、記号などを表記するための片仮名もこの時代に発明されています。その後も公式文書は漢字だけの漢文が使用されていきますが、返り点の活用などで日本語本来の文体への転換の工夫も施され、漢字と仮名の混合した日本語表記が普及していきました。

そして現在では、漢字、平仮名、片仮名が混在した日本語が使用されています。言うまでもなく漢字は表意文字、平仮名と片仮名は表音文字です。表意文字と表音文字を組み合わせて使う言語は、世界の中でも日本語が唯一と言えるかもしれません。

この文字文化の独自性が魅力的な文化を培っています。例えば、世界的に評価の高い漫画。漫画は、絵と文字の組み合わせで構成されます。絵と文字を同時に読解処理しないと迅速に読み進むことはできません。ところが日本人は分厚い漫画本でも短時間に苦もなく読み進めることができます。これは、表意文字としての漢字（絵）と表音文字としての仮名（文字）を日常的に使い分けしていることが関連しています。恐らくアルファベットや漢字だけを使用している言語の中で育った人びとは、絵と文字を同時に素早く処理できないため、日本人程早く漫画を読み進めることはできないのではないでしょうか。

言語によって形成される脳内ネットワークは、独特の文化を生成する大きな要素になります。二六文字のアルファベットだけで表記する英語に比べ日本語は、漢字、平仮名、片仮名という三つの文字を縦横に組み合わせて表記します。一見極めて複雑な構成に見えますが、幅広い表現が可能になり、実に使い勝手の良い言葉になっています。

文字の組み合わせの自由度が日本語の最大のメリットです。組み合わせの自由度は言葉だけではなく、モノの組み合わせに対しても自由な発想を誘導します。モノづくりの創意工夫の多様さは世界に誇れる我が国の強みですが、これは三つの文字の組み合わせを発明した日本文化の賜物という解釈もできます。

私たちの先人は、中国文化である漢字を体内に取り込み、結局自らの言語の文法に合致する形で漢字を消化してきました。こうした外の文化を体内に取り込みながら自文化として消化していく処理方法は、モノづくりにおいても遺憾なく発揮され、我が国のモノづくりの本質形成に重要な役割を果たしたと推測できます。つまり、日本語は、モノづくりの母でもあり、駆動力でもあると考えることができます。

一方ベトナムは、無文字社会の中で漢字を受け入れ、我が国と同じように漢字によって文字文化が開かれています。と同時に、ベトナムの固有文字チュノム（字喃）を発明しています。チュノムは、一九四五年に不便と非効率性という理由で漢字とともに使用が止められましたが、意味と音の似た漢字を偏や旁に当てはめ、漢字と組み合わせてつくられた独自の文字です。

ベトナム語で数字の「三」はｂａ（バー）です。チュノムでは、偏にｂａの音に似ている「巴」、旁に「三」を当てはめ、「𠀧」と表記していました。日本語の「鋼」の金偏は金属を表し旁は読みを、「洋」の偏は水を表し旁は読みを表現しているのと似ています。

現在のベトナム語は、「クオックグー（Quoc ngu、国語）」というアルファベット表記になっています。英語のアルファベットは二六文字ですが、クオックグーは二九文字から成り立っています。英語のＦ、Ｊ、Ｗ、Ｚは使用されず、声調によってＡが三種類、Ｄが二種類、Ｅが二種類、Ｏが三種類、Ｕが二種類あります。六種類ある声調はアルファベットに独特の発音記号を付けて表記し、とてもシンプルで機能的にできています。日本語の場合、牡蠣や柿は音だけでは判別できないため、漢字に頼らざるを得ないのですが、ベトナム語では、こうした同音異義語を声調で識別でき、表音文字としての二九のアルファベットで事足りています。

大切なことは、ベトナムにおいて漢字は中国による支配が始まったBC一一一年から一九四五年まで使用され、チュノムも一三世紀から一九四五年まで使われていました。また、クオックグーは一七世紀から使われ出した文字です。つまり、一七世紀から二〇世紀までベトナム人は、漢字、チュノム、クオックグーという三種類の文字を併用しながら文化を育んできたという点です。

ベトナムもまた漢字と自国語との共存を受け入れ歴史を重ねてきた国です。漢字、チュノム、クオックグーの組み合わせを体内に取り込み、消化しています。そして、独自の言語文化を確立した国です。まさに文字文化の成り立ちや確立において、複数の文字を組み合わせて使いこなす歴史的経験を持ち、歴史的に我が国と重なる点が数多く存在しています。

我が国やベトナムと同様に、漢字とハングルを混ぜ合わせて使用していた韓国が、電気製品、自動車、造船分野などで我が国の強大な競争相手になっている事実は、言語に始まるその国の文化とモノづくりの相互の深い関係性を示唆してくれます。複数の文字を使いこなす文化は、モノづくりに好影響を与えると言えるのかもしれません。

稲作が培ったモノづくりの基盤

ベトナムは、北に紅河（ホンハ川）、南に九龍河（メコン川）を擁し、それぞれの大河の周辺に広がる豊かな土地を有しています。そこで稲作は発展しました。温暖な気候を利用し、二毛作、三毛作も行われ、タイに次ぐ米の輸出国です。我が国において米は命の源。ベトナムにおいても命の源泉は米です。

稲作は水利用の巧拙が収穫に結びつきます。我が国もベトナムも温帯・亜熱帯モンスーン地域にあり、水には恵まれていますが、逆に台風や洪水といった水の脅威に晒される宿命を背負っています。我が国においては、水の脅威に対し稲作を守るために、治水、灌漑技術が発展し、それに伴い和算も整備されました。稲作に付随した技術や数理的思考の発展が今日の我が国のモノづくりに影響していることは疑いない事実だと考えます。ベトナムにおいても、洪水は我が国以上に頻繁に起こっています。紅河でも九龍河でも河口近くで幾重にも支流が分かれデルタ地帯が広がる光景が、そのことを証明しています。恐らくベトナムにおいても、歴史的に治水、灌漑技術は必須の生存条件となり、和算のような数理的な思考が生み出され利用されてきたと推測できます。

現在の我が国での稲作は、品種改良や栽培技術の向上により、最も手間のかからない作物です。そして、兼業農家の副業として最適化しています。しかしながら、元来稲作は栽培に手間がかかり、手間と努力の結晶が収穫としてもたらされます。春に田を耕すことから始まり、田植え、水のきめ細かい調整、雑草取り、病気予防、害虫駆除、秋の刈り取りまで、朝から晩まで精一杯働いてはじめて収穫を期待できる作物でした。稲作には、継続的な努力や時機を逸しない創意工夫が必要となります。つまり、稲作は勤勉な努力家が勝利する文化を培うことになり、同時に米を授けてくれる土地に対する愛着を強めます。

日本とベトナムでは、栽培方法や栽培品種に違いはありますが、稲作という土俵で考えると歴史的に同じ感性を育んできた可能性が大いにあります。稲作がもたらす勤勉な努力や土地に対する愛着は、ベトナム人にとっても大切な遺伝子の一つに違いありません。

稲作農耕民族たる私たち日本人は「一所懸命」という価値観を持っています。一つの所で精一杯働き続けること。モノづくりに置き換えると、一つの技術や技能の習得をめざし懸命に努力することです。現代の先端技術やモノづくりにおいても一所懸命はなくてはならない重要な価値観です。変化の激しい現代では、次から次へとテーマを変えながら迅速に最適を求めることも有力な戦略に違いありません。しかし、我が国のモノづくりが世界的に評価されているのは、一つの技術や技能を継続的に極めていくことにより、生成されるモノづくりの精度や完成度です。一所懸命という価値観の発揮なくして、モノづくりの精度や完成度の実現はあり得ません。

稲は自然から豊かな恵みを甘受できる作物ですが、逆に自然災害にはとても弱い作物です。洪水、日照り、病気や害虫には苦もなくやられてしまいます。だからこそ、手間を惜しまない勤勉な努力が必要になります。努力を合理的に活用するためには、自然の猛威に対して一人で立ち向かうのは非合理的であり、皆で協力し合い、助け合うことが重要です。そこから必然的に生まれてくる価値観が「相互扶助」。換言すると、信頼とチームワークを大切にした助け合いです。

翻ってモノづくりにおいても、信頼に基づく協力関係とチームワークに基づいた目標遂行は不可欠な要素です。日本企業には、間断のないモノづくり品質の向上手法として小集団活動が根付いています。私たち日本人は、一人で取り組むよりもチームで取り組んだ方が効率的に目標を達成できると、何の抵抗もなく考えることができます。これこそが、相互扶助を遺伝情報の一つとして体内に保持する日本人の強みです。

ベトナムにおいても、自らが生まれ育った土地への愛着は強く、一所懸命は深く根付いています。逆に土地へのこだわりが不動産バブルを生む皮肉な結果をもたらしています。また、家族が助け合いながら家計を支えるのが普通の営みであり、ベトナムでも確実に相互扶助は実践されています。稲作農耕民族として当然のことではありますが、ベトナム人の感覚は日本人の感覚に極めて近いと言えます。

ここまで見てきたように、「独特の組み合わせ」「秩序立った集団行動」「特有の文字文化」「一所懸命、相互扶助といった価値観」など、我が国とベトナムには文化面で多くの類似点があります。ベトナムには我が国のモノづくりを学ぶ力があり、かつそこで成功する条件を有する国です。

新たなモノづくり

ベトナムの経済発展に関して我が国への期待は大きいものがあります。何を期待するかというと、当然のことながらモノづくりの基盤となる技術や技能に対する支援です。ベトナムのモノづくりの現状は、我が国をはじめ先進国の大手アセンブリーメーカーの輸出用の製品組立が産業の中心であり、自力でモノづくり力を高めるノウハウの蓄積は十分に行われてはいません。自らの力で一からモノづくりに専心し、発展を手にしたいという強い熱情を持っています。一方我が国の中小モノづくり企業は、その能力を存分に備えています。しかし、両者の協力関係が十分に生成されていないのが今日の状況です。

我が国の中小モノづくり企業、特に家族を核とした生業としての小企業は、長期間にわたって培ってきた技術や技能を持ちながらも、次の事業展開の展望がないまま座して死を待つ状態に陥っている企業が少なくありません。多くは下請けが商売の基本であり、元請け企業の海外進出に伴い大幅な仕事量の減少、安価な輸入品との競争における敗戦で、従来のビジネスモデルの崩壊に直面しています。

このまま衰退してしまうのは誠にもったいないと思います。視点を変えて、新しいサバイバルのためのビジネスモデルに命をかけることも必要になっています。大手アセンブリーメーカーの庇護の元での海外進出という幸運を願っているのであれば、その願いが叶えられることはありません。もともと大手メーカーと密着度の高い企業や資金力に余裕のある企業は、既に中国などへ進出を終え、新しい生きる道を見つけ出しています。そうした既成路線に乗れなかった小さなモノづくり企業だからこそ、自力での新しいビジネスモデルの構築を避けて通れません。

幸か不幸か元請け企業からの要求に対して長年にわたって応えているうちに結果として、技術や技能が身に着いたというモノづくり企業も少なくないはずです。しかしこれからは、自社の持つ技術や技能でモノづくりの基盤を支えるという高い志が必要となります。また、そうした技術や技能を求めている国々が確実に存在します。モノづくりに対する自信と誇りに裏打ちされた前向きの行動が、新しいビジネスモデル構築への道を切り開いてくれます。

閉塞感に覆われたまま日本で悶々と過ごすよりも、当然様々なリスクがあることは承知の上で、モノづくりの支援を待っている新天地で技術や技能を発揮する方が賢明な選択に違いありません。ましてやベトナムに進出しても、我が国のモノづくり企業としての遺伝子は確実に次世代へ受け継がれていき、我が国とベトナムを核としたモノづくりネットワーク圏構築の展望も持つことができます。モノづくりネットワークは、我が国とベトナム両国の相互発展の礎を築いてくれます。

受注型産業の多い我が国の中小モノづくり企業は、苦境を乗り越えるために能動的な発想で自社の未来を展望し、行動を自ら起こす勇気が求められています。

モノづくりの国ベトナムの魅力

ベトナム戦争末期にベトナムを訪問した司馬遼太郎は、ベトナム人を「接していて絹のように物やわらかな人が多い」、一方で「機械操作にすぐ習熟する。兵士以外の普通の民衆でも、ソ連製の対空ミサイルを自由に操作できるし、現にそれでもって墜とされた米軍機も多かった」と述べています。ベトナムの魅力の一端を見事に表現しています。

モノづくりの地ベトナムという視点でベトナムの魅力を、今一度整理してみます。

（一）低コスト国であり、高等教育を受けた人材も豊富。人件費は高騰してきたとはいえ、都市部のワーカーの最低賃金は一三〇ＵＳドル／月、エンジニアで三〇〇～四〇〇ＵＳドル／月、管理者で六〇〇～七〇〇ＵＳドル／月です。

（二）モノづくり基盤の未整備が経済構造のひずみを生み出していることに気づいた政府が、裾野産業（部品産業、材料供給産業）の振興に本気で取り組んでいます。日本の中小モノづくり企業は、まさに裾野産業であり、優遇措置を受けられる可能性もあります。

（三）日本はODAなどのベトナム支援でトップの実績を上げている国であり、政府間の協力関係がしっかりできています。企業レベルでも、相互の信頼関係を長期にわたって築き、モノづくりを通して相互発展を実現できる可能性の高い国です。

（四）ベトナムは共産党一党独裁の社会主義国ですが、政府は柔軟な経済政策を打ち出しており、国民の不満は高まっていません。政治的に安定し、長期的視点で事業戦略を考えられる国です。

（五）ベトナムの歴史は戦いであり、その戦いに勝利してきたのがベトナム国民です。粘り強く、忍従できる人たちです。モノづくりは基本的に長期間の粘りや忍耐が必要であり、その意味でベトナム人はモノづくり向きの人たちです。

（六）ベトナム人は、アメリカやフランスといった大国を破ったように、自国に対する「義」と「忠義」に厚い人たちです。しかし、自己主張が強いわけではありません。この点では、同様の倫理観を持つ日本人にとってコミュニケーションの取りやすいタイプの国民です。

（七）日本人と同様に稲作農耕文化の国です。さらに、運命共同体としての「村（サ）」が社会の基本単位になっています。「一所懸命」「相互扶助」などの価値観も共有でき、日本人として心情的共感を持ちえます。

（八）漢字を取り入れ使いこなしてきた点で、我が国と共通の言語文化を有しています。また、漢字の他に独特の文字（チュノム）を開発した点でも、仮名を開発した我が国と似ています。文化の深層で共感し合える国です。

（九）日本企業が得意とするモノづくりの組み合わせの妙は、そろえ、合わせ、重ねが基本ですが、ベトナムの衣食住には、そろえ、合わせ、重ねの要素が含まれています。我が国のモノづくりの良さを短期間で理解し、独自の組み合わせの妙を発揮する可能性のある国民です。

第四章 モノづくり中小企業の生きる道

モノづくりのこれからの希望

経済環境の変化は激しく早いものがあります。大手アセンブリ・セットメーカーは、経済環境変化への適応を海外生産に求め、取り残された中小モノづくり企業は、大幅な受注減に愕然とします。歴史的円高は、グローバルな製品競争力を直撃し、安価な輸入品との競争に軒並み敗北し、ここでも中小モノづくり企業は寂しく肩を落とすしかありません。

一方で中小モノづくり企業の内情はというと、経済環境変化に翻弄され、生産設備の老朽化、技術の出遅れ・陳腐化、従業員の高齢化、後継者難、といった爆弾を体内に抱える結果になっています。

中小モノづくり企業に元気がありません。さらに残念なことに、モノづくりへの自信が揺らいでいます。まさに、座して死を待つ状況に陥っています。最大の問題は、厳しい経済環境にあるのではありません。中小モノづくり企業の経営者の事業マインドの低下にあります。事業マインドに再び火をつけない限り、未曾有の危機からの脱出はあり得ません。

二〇一一年、東北、北関東を大震災が襲いました。死者、行方不明者を合計すると二万人近い人が犠牲になり、丸ごと津波に飲み込まれた町も数多くありました。失われた町は、放っておくとただの荒れ地にすぎません。しかし、生き残った住民は、こつこつと復興への歩みを進め、とても元通りとはいきませんが、徐々に旧来の町の姿が蘇ってきています。復興への意欲と粘り強い行動力に頭が下がります。名もなき被災者の復興マインドに対して、感嘆の声を上げない日本人などいるのでしょうか。恐らく小さな行動の積み重ねが、東北、北関東の再生を現実のものにしていくでしょう。

翻って中小モノづくり企業はどうでしょうか。危機は確実に迫ってきますが、決して為す術もなく座して死を待つ状況を受け入れてはなりません。被災者の行動力を見習い再生に向かって行動を起こすことがなにより重要です。生き残りの方法はまだあります。

我が国の発展と繁栄は、ひとえにモノづくり（製造業）によって成し遂げられてきました。そして、日本の将来もまた、モノづくりによって切り開いていくしかないのです。なぜなら、モノづくりは我が国の社会、文化、人びとの精神構造と深く結びついた営みであり、日本そのものであるからです。どこの国でも機会と資金さえあればモノづくりで成果を上げられるというものではありません。さらに逆説的に言えば、モノづくりの他に我が国がグローバル競争で勝ち得る能力があるとは考えられないからです。

資源の乏しい我が国が貿易で優位な競争はできません。稲作農耕民族で長期間の信頼関係と調和を重んじる日本人が、利己的、投機的で短期的利益を追求する金融で勝利できるとも思えません。観光で食べて行くには国が大きすぎます。教育やエンターテインメントは有望ですが、特有の言語である日本語が阻害要因になりかねません。

やはり、モノづくりで再び立ち上がることが最善です。モノづくり立国の推進あるのみです。そのためには、モノづくりの基盤である中小モノづくり企業が元気でなければなりません。多様な中小モノづくり企業の存在なくして、我が国のモノづくり立国はあり得ないのです。

これから産業を勃興しようとしているベトナムは、我が国のモノづくり技術や技能を羨望の目で見ています。技術や技能を自国に取り込みたいと考えています。求められる国でモノづくりに励むことは、国内で閉塞状況に陥っている中小モノづくり企業が生き残る有力な方策に違いありません。

その際に重要なことは、お決まりの低コスト国への進出という単純なステロタイプには惑わされることなく、信頼関係の築ける国への進出を優先することです。というのは、本質的な意味でモノづくりは、長期間の試行錯誤と熟練プロセスが必要不可欠になります。したがって、長きにわたる信頼関係なくして進出先でのモノづくりの発展はあり得ないと考えるからです。

ダイナミックにアジアが動き出しています。政治面では、ミャンマーの民主化へのシフトが鮮明になるなど、アジア諸国の政情は比較的安定してきています。経済面では、世界の工場になった中国は、引き続き高い経済成長をめざしています。工業化に火の付いたインドも中国以上の高度成長が実現しそうです。インドシナ五カ国（ベトナム、タイ、カンボジア、ラオス、ミャンマー）、インドネシア、シンガポール、マレーシア、フィリピン、ブルネイを包含するＡＳＥＡＮ諸国も経済成長に目覚ましいものがあります。これからの一〇年は、アジアが世界の成長センターであり続け、世界をリードしていくことになるはずです。こうしたアジア諸国の経済成長は、我が国経済の希望でもあります。

中でもベトナムは、ＡＳＥＡＮ加盟が一九九五年と遅れを取りましたが、順調に経済成長を手にしています。積極的な経済政策が目立ち、ＡＳＥＡＮ＋三（日本、中国、韓国）、ＡＳＥＡＮ＋六（日本、中国、韓国、インド、オーストラリア、ニュージーランド）をはじめ、シンガポール、マレーシア、ブルネイと並んで逸早くＴＰＰ（環太平洋経済連携協定）への参加も表明しています。石油、レアメタル、レアアースなど天然資源に恵まれ、豊かなデルタ地帯の穀物生産は高水準であり、地理的にも東南アジアの中心に位置し、経済発展のための条件をそろえています。また、人口は約九〇〇〇万人で、インドネシア（二億三〇〇〇万人）、フィリピン（九五〇〇万人）に次いでＡＳＥＡＮで三番目の人口を誇り、まだ人口増加傾向が続いています。

経済成長と産業の高度化を視野に入れると、それぞれの国の中心都市のパワーが重要になります。典型的な例はタイです。人口が八二五万人の首都バンコクの周辺にタイの主な産業は集約され、経済成長を牽引しています。バンコクは、アジアのデトロイトと呼ばれるほどの自動車産業

■アジア主要都市の比較

国連「巨大都市人口ランキング」より抜粋

都市名	都市圏人口(万人)	国の人口（万人）	メガ都市人口比率(%)
東京（横浜含む）	3500	1億2700	28
大阪（神戸、京都含む）	1700	1億2700	13
ジャカルタ	2200	2億3400	9
マニラ	2080	9400	22
シンガポール	480	517	93
クアラルンプール	583	2800	21
台北	627	2300	27
ソウル	1990	4900	39
ホーチミン	780	8930	9
ハノイ	700	8930	8
バンコク	825	6420	13
ヤンゴン	440	6240	7
ダッカ	1010	1億6400	6
上海	1840	13億4500	1
北京	1400	13億4500	1
ムンバイ	2120	12億1500	2
デリー	2090	12億1500	2

の基地へと発展しています。バンコクは、大都市が産業を呼び込み集積し、経済成長と産業の高度化を推進した好例です。

アジア各国の都市を外観すると、中国の上海、北京、インドのムンバイ、デリーは、人口が一五〇〇万人を超える大都市です。大国の中国、インド以外では、インドネシアのジャカルタ（人口二二〇〇万人）、フィリピンのマニラ（人口二〇八〇万人）、それから、ベトナムのホーチミンとハノイが人口七〇〇万人を超えているのが目につきます（表参照）。特筆すべきは、中国、インド以外で、一つの国の中に大都市が二つあるのはベトナムだけです。南のホーチミンと北のハノイで産業集積が推進されたとき、大きな発展が実現されていくのは必然です。

ちなみに、東京圏の人口は三五〇〇万人（横浜を含む）、大阪圏の人口は一七〇〇万人（京都、神戸含む）です。かつて我が国の高度経済成長を、東京、大阪という大都市が支えたように、今後のベトナムの経済成長を、ハノイ、ホーチミンという二大都市が支えていくことになるはずです。

我が国は国として、アジア諸国との協働関係をさらに深める必要があります。同様に中小モノづくり企業も、アジアとの協働関係構築に経営の舵を切るべきです。そうしなければ、グローバルな経済成長の流れに乗り遅れ、座して死を待つ結果が待っています。中小モノづくり企業の現在の技術や技能を、アジア諸国の人びとは経済成長の促進剤として待望しています。特にベトナムはそうです。好機を逃してはなりません。

中小モノづくり企業にとってベトナムは、希望になり得ます。ベトナムへの進出を、モノづくり再生への行動の第一歩にしてほしい。進出を端緒に必ずモノづくり再生への道は切り開かれます。

裾野産業の育成

ベトナム政府は、今後の集中的育成産業分野として、「機械製造」「電子情報」「自動車組立」「縫製」「皮革製造」「先端技術」の六分野を打ち出しています。しかし、材料や部品を輸入に依存したゆがんだ構造のままでは産業育成は困難だと悟ったベトナム政府は、国内の部品調達比率を高めるための裾野産業育成を国家プロジェクトに定め、我が国の中小モノづくり企業への働きかけを強めています。

ベトナム政府は、部品産業と材料供給産業を裾野産業と呼んでいます。我が国でいうと、大手アセンブリーメーカーの第一次、第二次、第三次下請け協力企業に相当します。現状のベトナムにおいて、こうした企業群はまことに貧弱であり、的を射た政策と言えます。

裾野産業育成計画に関してベトナム政府は、日本政府および日本の中小モノづくり企業の全面協力を要請してきています。その代償として、二つの方策を提案しています。

第一は、日本企業誘致推進策。次のような優遇策が示されています。

・投資手続の簡素化（投資規模三〇〇〇億VNドン以下の案件は、一五日で認可）
・企業所得税優遇（対象業種の場合二五％を一〇％、二〇％へ減税）
・土地賃借料優遇（対象業種の場合、土地賃借料を長期間免除）
・既に実施されているが、製造に使う材料、部品の輸入関税免除と配当金の海外送金税の免除の継続実施

政府による明確な方針提示と手続の簡素化は、これから進出しようとする中小モノづくり企業

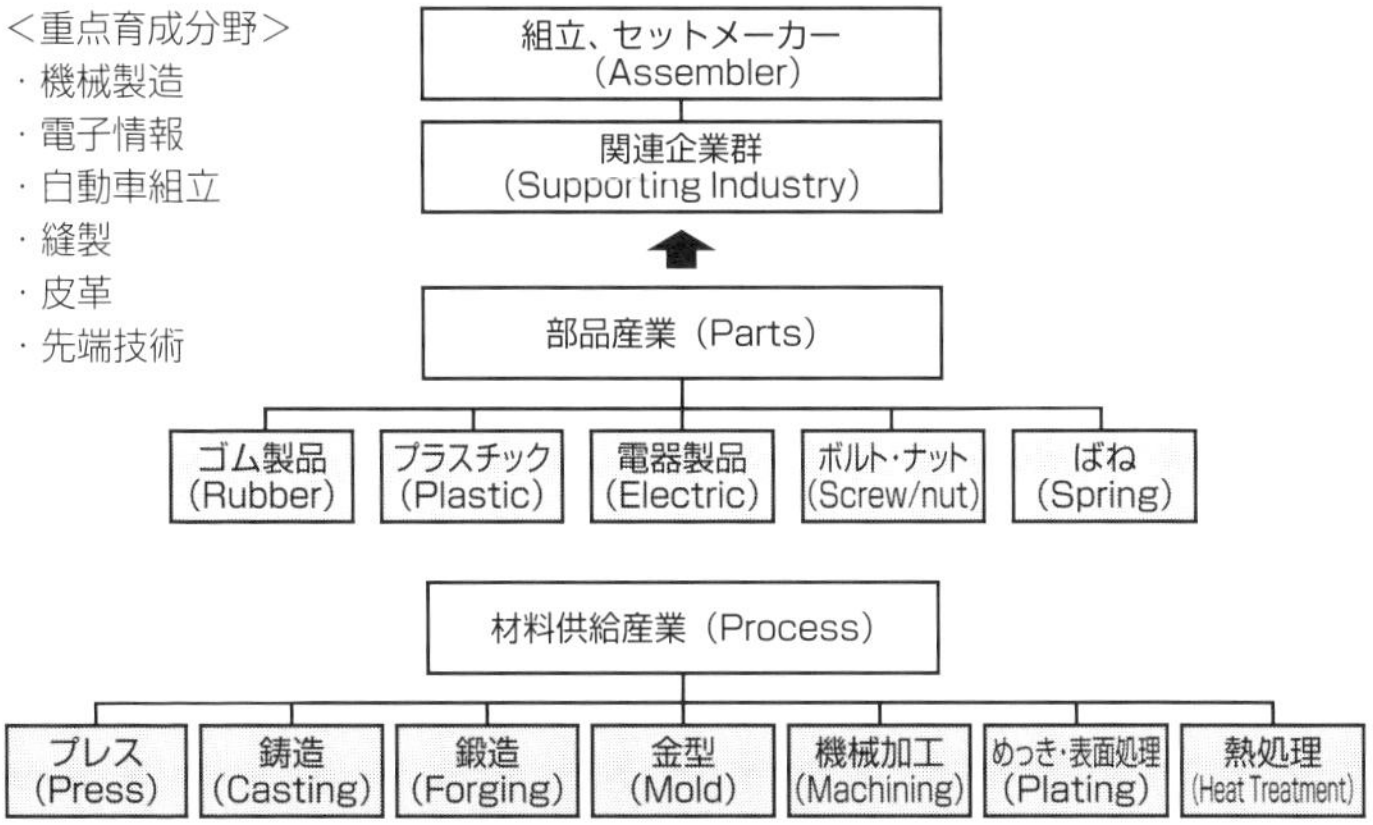

■裾野産業の育成

にとって朗報です。なぜなら、曖昧な方針や役所仕事の遅さは、賄賂などの温床になってきたからです。過去には、賄賂に苦しめられた日本企業もありました。ただし、これから進出する場合、信頼できる工業団地を選択できれば、各種手続の支援が受けられ、賄賂に苦しむことは少なくなると考えます。

第二は、日本企業向け特区の新設です。我が国のモノづくり企業に限定した工業団地を北部ハイフォンと南部ブンタウに建設する計画。団地内には、病院、レストラン、語学トレーニング施設、税務・法務の相談窓口を併設するというものです。部品を製造する我が国の中小モノづくり企業を取り込み、部品の自国内調達率を向上させようとする政府の意気込みが感じられます。

ベトナムへの進出を検討している我が国の中小モノづくり企業にとって追い風が吹いています。ベトナムの人たちの心を代弁すると、「部品を持ってきてくれるのはありがたいが、部品のつくり方を教えてくれる方がもっとありがたい」ということです。日本の中小モノづくり企業にとっても、求められる地で自社の技術や技能を発揮できるのは、願ってもないことです。

ベトナム進出による我が国の中小モノづくり企業のメリットは、製造コストの削減、モノづくり技術と技能の継承、新たな顧客開拓が上げられます。一方ベトナム側のメリットは、裾野産業の誘致、モノづくり技術と技能の吸収、人材の育成などが考えられます。双方にとって損のない交流です。当然、中小モノづくり企業には、進出に関わるリスクは少なからずあります。しかし、国レベルで相互発展につながる活動であり、意気に感じる企業が数多く出てきてもおかしくありません。

ベトナム進出を考えるに当たって、とても良い季節が訪れています。

ASEAN共同体の中のベトナム

ベトナムを含むASEAN一〇カ国は、二〇一五年までに域内の関税撤廃を実施し、ASEAN共同体(AEC)の創設をめざしています。理念としては、「経済」「政治・安全保障」「社会・文化」の共同体を謳っています。さらに、工程表の中で「一.単一市場と生産基地」「二.競争力ある経済地域」「三．公平な経済発展」「四．グローバル経済への統合」という四本柱の実施計画を示しています。政治体制の違い（社会主義国が含まれる）や宗教の混在（仏教、イスラム教、キリスト教および土着宗教）などがあり、どの程度の密度での共同体が形成されていくかは不透明です。しかし、実現すれば人口六億人を超える壮大な地域連合になります。北に中国、西にインドという大国が控えている地理的条件を考えると、共同体構想は、大国に伍して成長をめざすという意味でASEAN諸国にとって大きく、重要な試みです。したがって、今後数多くの紆余曲折はあるにしろ共同体への道は続いていくと推測できます。

ASEAN一〇カ国▼インドネシア、フィリピン、ベトナム、タイ、ミャンマー、マレーシア、カンボジア、ラオス、シンガポール、ブルネイ

ASEAN共同体がモデルとしているのは、明らかに欧州連合（政治・経済統合体）でありユーロです。欧州連合の加盟国は二七カ国、人口は五億二五〇〇万人です。トルコ、マケドニアなど五各国が現在加盟候補国に上がっており、近い将来三〇を超える地域連合になります。そのうち、二〇〇二年から流通し出した共通通貨ユーロ採用しているのは一七カ国です。

ユーロ採用一七カ国▼ドイツ、フランス、イタリア、スペイン、オーストリア、オランダ、ベルギー、ルクセンブルク、フィンランド、アイルランド、ギリシャ、ポルトガル、キプロス、マルタ、スロベニア、スロバキア、エストニア

ＡＳＥＡＮ諸国のモデルとなっているユーロの実験は、決して手放しで喜べるような状況にないことは、昨今の報道からも明らかです。ギリシャの財政危機、そしてデフォルト（債務不履行）問題に始まり、同様の問題が、アイルランド、ポルトガル、スペイン、さらにはイタリアにまで波及しています。原因は、ユーロ圏では単一の金融政策が取られる一方で、財政政策は各国バラバラに実施されているところにありそうです。つまり、各国で生産コストの上昇に違いがあるにもかかわらず、ユーロ圏の為替レートは固定化され、生産性の高い国はどんどん競争力を増し、逆に生産性が低い国はどんどん競争力低下に陥るという構図があるからです。債権国と債務国の格差はますます拡大していくものと推測できます。

ユーロの現在を概観し、最も注目すべきことは、ドイツが抜群の経済力を発揮していることです。なぜドイツ経済が強いかというと、理由は単純です。ドイツのモノづくり力がユーロでは群を抜いているからです。ユーロ安の恩恵もあってドイツの競争力は向上し、経済的にユーロは一強一六弱の様相を呈しています。ドイツと経済関係の強いオランダ、ベルギー、ルクセンブルク、

オーストリアとフィンランドが好調で、それ以外の国々は経済的苦境に立たされているという構図もはっきりしてきています。

目を皿のようにしてユーロの動向を観察し、分析していると思われるベトナム政府も、ドイツの強さ、モノづくり力の重要性に気づいているはずです。同時に、ASEAN共同体の経済統合が進行した時に、今のままではベトナム経済がどういう状況に陥るかもわかっているはずです。ベトナム政府は、悶々として大きな焦燥感を抱いている、と筆者は想像します。

なぜベトナム政府は焦燥感を募らせるのでしょうか。理由は、ベトナムの経済構造にあります。ベトナム産業の中心は、製品の組立・加工です。しかし、組立・加工の材料や部品は、ほとんど外国からの輸入に頼っています。自国調達率は低く、僅か数%だと言われています。単純に要約すると、ベトナムの製造業の規模は拡大していますが、実際には輸入した部品を組立てるだけの賃仕事に終始し、モノづくりでの付加価値をほとんど生み出していない、と言えます。このことは、産業統計を見れば明白です。二〇一〇年のベトナムの輸出品目の第一位は繊維製品、第二位は履物、第三位は水産品、第四位は原油です。一方で輸入品目では、第一位は機械設備・部品、第二位は鉄鋼製品、第三位は石油、第四位は布地です。材料、部品を輸入し、それを組立てるだけの産業構造が輸出入品目の中にも端的に表れています。

また、ベトナムの貿易収支は赤字が慢性化しています。二〇一一年度は、輸出高七八〇億US

ドル、輸入高八六四億USドルで、貿易収支はマイナス八四億USドルになっています。貿易収支の赤字に対しベトナムは、奇妙な帳尻合わせをしています。海外からベトナムに流れる金の三分の一はODA、三分の一は海外からの直接投資、三分の一は越僑と言われており、産業が創出した付加価値以外のところから調達した資金によって赤字の埋め合わせを行っています。ちなみに越僑とは、ベトナム戦争後、大量に出国した海外に住むベトナム人からの仕送りのことです。ベトナムは、こうした経済のひずみを体内に内包しています。

観光と造船の国ギリシャ、労働集約的な繊維産業に依存するポルトガルと成長産業育成に失敗したイタリアは、競争力のある産業の欠如によって財政危機に陥っています。また、アイルランドとスペインは、住宅バブルの崩壊によって財政危機が叫ばれています。ASEAN共同体の中で、上記したようなベトナムの経済構造を踏まえると、ベトナムが上記五各国（皮肉を込めてPIIGSと呼ばれます）と同じ失敗をおかさない保証はどこにもありません。むしろ、現状のベトナムはユーロのPIIGSとよく似た経済的課題（経済のひずみ）を抱えています。心あるベトナム人やベトナム政府は、PIIGSを他山の石としていこう、そして、ASEANのドイツになろうと、心に決めているはずです。

一方でベトナムは、一九九五年にASEANへ加盟したのを手始めに、FTA（自由貿易協定）、TPP（環太平洋戦略的経済連携）に加盟し、FTAAP（アジア太平洋自由貿易圏）を視野に入れようとしています。自由貿易に関して極めて積極的な国です。先に見たようにベトナムは経済のひずみを抱えた国です。にもかかわらず自由貿易への積極姿勢は奇妙な行動に見えます。恐らくこれは、一九八六年にドイモイ政策（開放政策）を導入するまでのおよそ一〇〇年間は、戦争に明け暮れた歴史があり、経済的には失われた時間だったという思いがあるからです。その間にシンガポール、インドネシア、タイなどは、経済発展の基盤を整備し、着実な経済成長とグローバル経済の中での地歩を築いてきました。出遅れを取り戻したい気持ちとベトナム人としての誇りが、自由貿易への積極的な決断を促したのだと推測できます。

ベトナムが経済のひずみを解消し、さらに自由貿易圏であるASEAN共同体のドイツになるためのマジックはありません。着実にモノづくりの基盤整備を行い、まずは国内における材料や部品の調達率を高めることから始める必要があります。だからこそベトナム政府は、裾野産業（材料加工、部品製造）育成を国家プロジェクトと定め、日本政府や我が国のモノづくり企業への働き掛けを強めています。世界中を見渡しても裾野産業育成の的確な支援をなし得るのは、我が国以外にはないはずです。また、生物の多様性が地球環境の担保になっているように、裾野産業も大中小企業を取り混ぜた多様な企業の存在が必要になります。確実に我が国のモノづくり中小企業が活躍できる場がベトナムには存在します。

自由貿易圏をめざした経済統合という大波に挑もうとしているベトナムにおいて、我が国のモノづくり中小企業がやれること、やるべきことは、まだまだたくさん残されています。

ベトナム進出の成功パターン

ベトナムの法人所得税は、外国企業の誘致促進のため、二五％と低い水準に押さえられています。中国、インドネシア、マレーシアと同水準であり、三〇％のタイ、フィリピンより低いものです。法人所得税の他に、日本の消費税に相当する付加価値税一〇％がかかってきますが、製造組み立てに使用する生産資材や部品の輸入関税は免除され、現地法人の利益（配当金）の送金税も免除されています。ちなみに中国、タイの送金税は一〇％です。進出した外国企業への税制優遇は厚いと言えます。中小モノづくり企業にとって、ベトナム進出後の利益の日本への還流を考えたとき、有利な条件がそろっています。

税制優遇、豊富な労働力、経済発展と国内市場の活性化を踏まえて、既に多くの日本企業がベトナムへ進出しています。進出したモノづくり企業の事業展開を見ると、次の三つのパターンに分類できます。

第一は、安い労働力を見込み、組立て・加工に力点を置いた輸出拠点としての事業展開です。材料、部品を我が国などから輸入し、最終製品の組立て・加工をベトナムで行い、製品はほとんど我が国をはじめ海外に輸出するパターンです。輸出関税の優遇が受けられる輸出加工区へ独資で進出した大手企業が多いのが実情です。キヤノン、マブチモータなどが代表的企業です。

第二は、ベトナムの内需製品を狙った事業展開です。ベトナム国内での需要が高まっている製品を、市場の近くで製造し、販売するパターンです。この場合、進出に当たっては、系列部品メーカーも一緒に進出し、部品製造でのコストダウンも図っています。ただし、材料はほとんど輸入に頼らざるを得ないのが現実です。このパターンの事業展開では、国内販売強化のため、ベトナム企業との合併で進出している日本企業もあります。二輪車のホンダとヤマハ発動機が代表的な企業です。

第三は、輸出と内需を組み合わせた事業展開です。第一と第二のパターンの組み合わせになりますが、安い労働力を生かした輸出用製品の組立て・加工とベトナムの将来の市場拡大を踏まえた内需開拓型製品の組立て・加工の両面を狙っています。大手家電メーカーが代表的な企業です。

では、これからベトナム進出を考える中小モノづくり企業は、どんな事業展開の可能性があるのでしょうか。上記した既に進出済みの日本企業の事業展開が参考になります。

まず第一段階は、安い労働力を活用し、組立て・加工でコストダウンを図り製品を我が国へ輸出する事業展開から始めるのが妥当な選択です。単純に言うと、我が国で行っている仕事を丸ごとベトナムに移転する進出となります。移転できる仕事がなく、最初からベトナムで新たな仕事を狙うような進出は、リスクが大きすぎます。

第二段階は、ベトナムへ進出している日本企業からの受注を狙う事業展開が考えられます。ベトナムで実績をつくった日系の大手組立加工企業は、ベトナム国内での部品調達を考え始めています。これからベトナムへ進出する中小モノづくり企業が、その受け皿になる可能性は高いと言えます。ただし、ベトナムの企業間取引は、まだ規模が小さいのが現状です。このステップは、中期的な視点で狙いを定める必要があります。

さらに第三段階は、ＡＳＥＡＮ地域の中心というベトナムの地理的好条件を活用し、ベトナムよりも数多くの日本企業が進出しているタイやインドネシアからの受注も可能性があります。その際には、当然中国やインドも視野に入ってきます。ただ残念ながらここに至るには、相応の時間を要するとともに、ベトナムで市場に合致した技術や技能を開発あるいは熟練させることが必要条件になります。

したがって、ベトナムへ進出する中小モノづくり企業の当面の基本戦略は、既存顧客向製品の生産をベトナムに移転し、それを輸出する事業展開です。次に、中期的にはベトナム国内の日系企業を開拓し、長期的にはアセアン諸国の日系企業を中心に新規顧客開拓を実現していく手順が、成功の秘訣となりそうです。

一念発起が技術を生かす

企業の存続だけを目的にしても社会的要請に適応できないのであれば、延命策は決して長続きしません。しかしながら、モノづくりの基盤確立を社会的に希求している国や地域が存在し、その要請に応えることのできる企業であれば、存続が約束されるのは当然のことです。我が国の中小モノづくり企業の多くは、モノづくりの基盤となる技術や技能を持ち合わせています。一念発起し外に目を向けることで、グローバルな視点から重要な社会貢献と企業の存続を実現できる機会が待ち構えています。

一昔前は、我が国の金型産業と言えば、モノづくりの基幹産業として大きな称賛の的でした。ところが、グローバル競争の激化や円高の進行によって、大手アセンブリーメーカーは生産拠点の海外移転を進め、金型の自社生産を増加させた結果、金型産業はかつての栄光を失おうとしています。

我が国には金型に従事する企業が数千社あると言われていますが、そのうち九割は小さなモノづくり企業（従業員一〇人以下）で、生業として金型製造に携わっています。そうした中でほとんどの小さな金型企業は、海外進出や事業の多角化を求めようとしても、資金面、技術面、人材面の制約に直面し、行動を起こすことさえできないでいます。換言すると、グローバル化の進行という体裁の良い言い訳によって、次々と従来の仕事を喪失することに無抵抗でいるしかないのです。元々金型産業は典型的な受注産業です。過酷で様々な顧客要求に耐えて応えることが生業でした。結果として、長年にわたって厳しい品質、コスト、納期などの要求に対応する中で、独自の技術や技能を蓄積してきた小さな金型企業は少なくありません。これからは元請け依存体質からの脱却が求められています。

しかしこのことは、金型産業だけの事情ではありません。他の中小モノづくり企業にも同様のことが言えます。嵐をやり過ごし仕事を待ち続けるのではなく、毅然と嵐に立ち向かい自力で明日をつかみ取る必要があります。まさにモノづくり基盤を希求している新天地に目を向ける勇気が問われているのです。

小さなモノづくり企業が海外進出を決断するには、「一．意識を高める」→「二．調査・熟慮」→「三．進出戦略構築」→「四．行動」という段階を踏む必要があります。まず第一ステップ。したが小さなモノづくり企業にとって最初から海外進出など念頭にない場合が多いと言えます。したがって、小さくても海外進出の可能性があることを認識し、自らの問題として捉えることが必要になります。

第二ステップは、自社が貢献できるのは何かを見極めるステップです。各種のセミナー、関係する人や企業などとの交流あるいは現地への視察ツアーなどを通して考えを深めること。そして、迅速な意思決定を支える意欲の高揚が欠かせません。

第三ステップでは、コア技術の発揮方策、競争優位性確立方策や生産分業体制など、海外進出のための戦略構築が必要になります。海外に進出したからといって、仕事が降って湧いてはきません。大切なことは、モノづくりの基盤形成の核となる自社のコア技術の生かし方です。

そして第四ステップは、工場用地の確保、進出の具体的計画策定、資金計画策定、各種手続といった行動に移る段階です。中小モノづくり企業にとって、単独ではなかなか難しい海外進出ですが、志を同じくする企業と準備段階から適切な協働体制を組み上げることができれば、展望は開かれます。

さらに、ベトナムの地で共に進出した企業同士でネットワークを充実させ、さらに我が国とベトナムの新たなネットワークを確立していくことにより、モノづくりの新地平を切り開くこともできます。これこそが、小さなモノづくり企業の再出発のひとつの形になると考えます。

おわりに

◉メコン圏と発展への熱情

私たちの国日本は、経済成長の鈍化、社会構造の変化や自然災害の脅威の前に自信をなくし、茫然自失の状況にあるかに見えます。そうした中、私たち一人一人もまた、厳しい現実に戸惑い自信をなくし、未来への意欲や希望まで失おうとしています。我が国のモノづくりに目を転じても、多くのモノづくり企業が苦境に陥り、未来への希望を見いだし得ない状況にあります。特に、我が国の経済成長を支えてきた中小モノづくり企業において、意欲と希望の喪失は顕著な特徴です。単に特定の業界というよりも我が国全体の中小モノづくり企業の特徴となっていることに問題の根深さを見ることができます。

試作品製作から部品の大量供給まで、多くの場合中小企業がモノづくりの底辺を支え、モノづくり日本を背負ってきました。残念ながら、このままでは中小モノづくり企業は、重荷を背負いきれません。我が国のモノづくりは瓦解の危機にあります。まさに私たちの国日本の暗さや閉塞感を象徴しています。

しかしながら、モノづくりというのは長年の経験から生まれる蓄積された技術と技能が重要になります。我が国の中小モノづくり企業は、まだまだモノづくりの重要資源を自らの体内に内包しています。さらに世界にはそうしたモノづくりの資源を待望している人たちも存在していきます。したがって、中小モノづくり企業には、視点の転換によって再生を果たしていく可能性が大きく広がっているのではないでしょうか。

現在発展途上にあり、モノづくりの技術や技能を欲している国はたくさんあります。中でもインドシナ半島に位置しメコン圏と呼ばれる五カ国は、その欲求が急激に高まっています。インドシナ半島を流れるメコン川に隣接するベトナム、タイ、カンボジア、ミャンマー、ラオスがメコン圏五カ国です。実際にはこの中に中国雲南省を含めてひとつの経済圏と考えることができます。二〇一〇年には、ベトナムのダナンからラオス、タイを横断し、ミャンマーのモーラミャインを結ぶ高速道路、東西回廊が開通しています。この他に、中国雲南省の昆明からベトナムのハノイ、ハイフォンおよびタイのバンコクを結ぶ南北回廊やベトナムのホーチミンからカンボジアのプノンペン、タイのバンコクを結ぶ南回廊の整備も進んでいます。政治的軋轢や経済格差を超えて豊かなメコン川の恵みは、メコン圏の経済発展を後押ししようとしています。

メコン圏五カ国の人口は二億三千万人を超え、将来のマーケットとしての魅力もあります。しかし、経済格差は大きく、一人当たりGDPは、我が国の四万ドルと比較するとまだまだ発展途上にあります。中国の四五〇〇ドルとの比較では、タイだけが中国並みで、他はまだまだ発展途

■メコン5カ国の比較
（JETRO資料より抜粋、作成）

	人口（万人）	1人当たりGDP（2010）（USドル）	国土面積（万km²）
ベトナム	8700	1174	33.1
タイ	6420	4992	51.3
カンボジア	1440	813	18.1
ミャンマー	6240	701	67.7
ラオス	650	984	23.7

上にあります。しかし、これからの経済発展を想像すると、魅力的な市場であることに疑いの余地はありません。

特に強調したいことは、ホーチミン市などを訪問して肌で感じる若々しさと街の活力です。街には意欲と希望が満ちているように見えます。発展への熱情は街中にこだまし、いずれ着実に発展を手に入れることの蓋然性を感じさせます。現実の閉塞感に苛まれている私たち日本人とっては学ぶべき点の多い街です。意欲と希望を失いかけているモノづくり企業にとっても学ぶべき点は多いと言えます。発展への熱情にあふれた街に身を置き、感化されることは、明日への意欲と希望を再確認させてくれる良薬に違いありません。

繰り返しになりますが、この本のメッセージは、「ベトナムが中小モノづくり企業の進出先として有望な国のひとつになり得る」ということです。また、現在は進出の条件がそろっています。幸運な好条件は長続きしないのが世の常であり、中小モノづくり企業は、好機を逃さず、逸早く行動を起こすことが求められています。

◉企業集積のメリット

資金力に乏しい企業が自力で海外進出を実行するのは簡単ではありません。やはり、受け入れ国の体制が大きな要素になります。その点ベトナムは比較的進出しやすい条件がそろっています。条件がそろったとしても単独での進出が難しい企業も少なくありません。協同で工業団地を確保し、複数の企業で工場用地の区割りを行って進出するといった方法が必要になりそうです。最近では、工業団地内にレンタル工場を設置する工業団地も増えています。中小モノづくり企業が結束して進出する方法は、いろいろと考えられます。希望する企業が集まれば、そうした進出方法の実現はそれほど困難ではありません。意欲さえあれば道は開かれます。

モノづくり企業の海外進出においては、まず第一に比較的水平展開のしやすい設備や技術を移転させ、生産しながら試行錯誤、学習を繰り返し現地の人材を育成していく。第二ステップは、技術水準の高い生産に取りかかり自社のコア技術の定着化を図ること。そして第三ステップは、現地において技術的自立化を図ること。これが基本的なセオリーになります。

しかし、小さなモノづくり企業にとっては、セオリーどおりの段階を踏むのではなく、海外進出即現地での技術的自立化を実現できなければ成功は覚束ません。自社の技術に精通した社長あるいは技術者本人が現地に赴き技術的自立化の先頭を走らなければなりません。逆に言えば、本人が現地で直接仕事に携わることになりますから、無駄な手続きやコミュニケーションミスを削減し短期間で我が国と同様のモノづくり体制を確立できるということです。

大切なことは、志を同じくするモノづくり企業が協力し結束してベトナムへ進出することです。そして、同じ工業団地に複数の日本企業が進出できれば、企業集積による次のようなメリットを享受できる可能性が高まります。

(一) 管理業務を協同化することにより生産活動に集中できる

小さな企業にとって勝手のわからない土地での管理業務は大きな負担です。協同することで資源をモノづくりに集中でき、工場の立ち上げおよび現地化が迅速に進められる可能性が高くなります

(二) 企業集積により様々な顧客要求に対応できる

東京の大田区や大阪の東大阪に集積した中小モノづくり企業がそうであったように、小さくても独自の技術を有した企業が集まれば、顧客対応力が増し、さらに各企業の技術の組み合わせで、先端技術への対応もできるようになります。

(三) 企業集積により生産を補完し合い、納期や生産量の変動に対応した柔軟な生産活動ができる

新しいビジネススタイルへと転換を図るには、新しい顧客要求に対しいくつかの企業が結束した取り組みが不可欠です。企業集積は、生産の相互補完という点で良き結束の可能性を高めます。

（四）物流を共同で行うことにより物流コストを削減できる

材料の我が国からの輸入、製品の我が国への輸出に関して共同コンテナなどを利用できれば、輸送コストの削減は可能になります。

こうしたことが、中小企業がベトナムの地に共同で進出するメリットになります。と同時に中小モノづくり企業の新たな成長の契機になっていくと確信しています。

最後に、私たちの進めているネットワーク計画は、多くの方々のご協力の元で進めています。中でも、経済産業省近畿経済産業局の皆様、大阪商工会議所の皆様には、筆舌に尽くし難いほどのご支援とご協力をいただきました。心よりお礼申し上げます。我々の小さな歩みを少しでも前進させていくことがその恩返しになるはずです。まるで子亀のような歩みですが、今後も着実に一歩一歩前進していこうと考えております。

◎著者略歴◎

井上　伸哉（いのうえ　しんや）

ザ・サポート株式会社　取締役
クエスト株式会社　代表取締役
2013年4月、ベトナムドンナイ省ロンドウック工業団地にザ・サポートベトナムを立ち上げ、現在、モノづくり中小企業のベトナムへの進出支援、進出企業の運営支援を実施中。
2012年からは、毎月ベトナムを訪問している。
e-mail：inoue@thesupport.jp

ベトナムで新しいモノづくりは実現できるのか
―モノづくり中小企業ネットワーク計画　NDC335

2014年3月25日　初版1刷発行　（定価はカバーに表示してあります）

©　著　者　井上　伸哉
発行者　井水　治博
発行所　日刊工業新聞社
〒103-8548　東京都中央区日本橋小網町14-1
電　話　書籍編集部　03（5644）7490
販売・管理部　03（5644）7410
FAX　03（5644）7400
振替口座　00190-2-186076
URL　http://pub.nikkan.co.jp/
e-mail　info@media.nikkan.co.jp/
製　作　㈱日刊工業出版プロダクション
印刷・製本　新日本印刷㈱

落丁・乱丁本はお取り替えいたします。　2014 Printed in Japan

ISBN 978-4-526-07256-7　C3034